"매일 보고 쉽게 배워요!"

하루 한 문장 미국식 영어 습관

올리버쌤의
영어회화
일력
365

올리버 샨 그랜트 지음

비에이블
B.able

안녕하세요! 올리버쌤입니다.
여러분, 영어로 된 아주 재미있고 유익한 속담이 있어요.

Every mountain is climbed one step at a time.
어떤 산이든 한 번에 한 걸음씩 올라간다.

저는 새로운 목표를 세울 때마다 이 심오한 속담에 대해 생각해요.
열정과 노력으로만 목표를 달성하려고 하면
얼마 못 가서 지치고 포기하게 되는 경우가 상당히 많으니까요.
특히 외국어를 배울 때 이런 모습을 많이 볼 수 있어요.
저도 한국어와 스페인어를 공부할 때 그랬거든요.
그럴 때마다 저는 이 속담을 떠올리면서
하루하루 꾸준히 새로운 언어를 익혀나갔어요.

매일 한 걸음이라도 앞으로 나가는 습관만 만든다면
누구든 영어라는 산을 결국 다 오르게 될 거예요.

지은이

올리버 샨 그랜트
Oliver Shan Grant

- 언어학·스페인어 학사, TEFL 국제 영어교사
- 8년간 한국 초·중학교 영어교사 활동
- 3년간 EBSe 영어교사 활동
- 181만 명 구독, 유튜브 채널 「올리버쌤」 운영
- 『올리버쌤의 영어꿀팁』『올리버쌤의 실전 영어꿀팁100』 저자

10년 넘게 비영어권 국가의 학생들을 가르쳐온 미국 출신의 영어교사다.
언어는 문화와 동떨어져서 배울 수 없다는 자기만의 철학을 가지고,
현재 텍사스에서 가족, 친구, 이웃들과 소통하며 수집한 생생한 영어 표현들을
실생활 모습, 현지의 문화와 함께 영상에 담아내고 있다.

유트브 채널 올리버쌤
인스타그램 **@oliverkorea**

여러분이 좀 더 수월하게 '영어 등산'을 완주할 수 있도록
매일 한 장씩 넘기면서 1년간 재미있게
미국인들이 현지에서 사용하는 표현을 배울 수 있는
영어회화 일력을 만들어봤어요.
1일부터 365일까지 여러분과 손잡고 제가 함께하겠습니다.
처음 시작할 때는 의욕적이고 긍정적이지만
시간이 흐르면서 누구나 힘들고 귀찮아질 수 있어요.
하지만 제가 여러분의 한 해 영어 도전을
끝까지 응원할 테니까 우리 함께 마지막 날까지 잘 가보도록 해요!

그럼 12월 31일 결승선에서 만나서 승리를 같이 축하합시다!

여러분, 2021년 화이팅!!!

올리버쌤의 영어회화 일력 365

초판 1쇄 발행 2020년 11월 20일
초판 28쇄 발행 2023년 8월 21일

지은이 올리버 샨 그랜트
펴낸이 최세현

펴낸곳 비에이블
출판등록 2020년 4월 20일 제 2020-000042호
주소 서울시 성동구 연무장11길 10 우리큐브 283A호(성수동2가)
이메일 info@smpk.kr

ⓒ 올리버 샨 그랜트, 2020
값 18,500원
ISBN 979-11-90931-18-2 12740

- 인쇄·제작 및 유통상의 파본 도서는 구입하신 서점에서 바꿔드립니다.
- 이 책의 전부 또는 일부 내용을 재사용하려면 반드시 사전에 저작권자와 비에이블의 서면 동의를 받아야 합니다.
- 비에이블은 컬처허브의 임프린트입니다.
- 이 도서의 국립중앙도서관 출판예정도서목록(CIP)은 서지정보유통지원시스템 홈페이지(http://seoji.nl.go.kr)와 국가자료종합목록 구축시스템(http://kolis-net.nl.go.kr)에서 이용하실 수 있습니다. (CIP제어번호 : CIP2020046375)

JANUARY

**Getting started is
half the battle!**
시작이 반이에요!

DECEMBER

31

Oliver's
Daily
Calendar

They'll bring you good luck.

그들이 행운을 가져다줄 거야.

* bring good luck 행운을 가져다주다

서양에는 행운과 관련된 미신이 많아요. 예를 들어서 어떤 물건을 가지고 다니면 행운이 찾아온다고 생각하죠. 어떤 물건이 행운을 가져다준다고 말하고 싶을 때 bring good luck이라는 표현을 사용해보세요.

| 응용표현 |

* **This special pencil will bring you good luck.**
  이 특별한 연필이 너에게 행운을 가져다줄 거야.

* **My grandfather's hat brings me good luck.**
  우리 할아버지의 모자는 나에게 행운을 가져다줘.

* **Do you think this will bring you good luck?**
  이게 너에게 행운을 가져다줄 것 같아?

JANUARY

1

| 새해 인사 |

What are your 2021 goals?

2021년에 어떤 목표가 있어?

1월 1일에 일출을 보며 경건한 마음으로 새해를 맞는 한국 문화와 달리, 미국에서는 주로 해가 바뀌는 시간(자정)에 아주 큰 파티를 열어요. 이때 Happy New Year! 같은 흔한 신년 인사와 함께 새해 목표에 대한 대화도 많이 나눈답니다. 미국인들은 새해가 되면 자기계발과 관련된 목표를 많이 세워요.

| 응용표현 |

* **Do you have any New Year's resolutions?**
  새해 목표 있어?
  * New Year's resolution 새해 목표

* **I hope you have a great 2021!**
  멋진 2021년 보내기를 바랍니다!
  * great 대신 awesome, wonderful, fantastic, amazing을 써도 좋아요.

The boxer beat the crap out of his opponent.

복서가 상대 선수를 엄청 심하게 때렸어.

*the crap out of 엄청 심하게

동사의 심각성을 강조하고 싶을 때 the crap out of (부사)라는 표현을 써도 돼요. Crap은 사실 '똥'이라는 말인데 영어에서 신기하게도 뭔가를 강조할 때 사용해요. 단, the crap out of라는 표현을 쓸 땐 동사와 직접 목적어가 꼭 있어야 해요.

| 응용표현 |

* My dog tore **the crap out of** my new shoes.
  우리 개가 내 신발을 엄청 심하게 물어뜯어놨어.

* Just thinking about what happened scares **the crap out of me**.
  그때 일은 생각만 해도 너무 무서워요.

* I miss **the crap out of you**.
  네가 너무 보고 싶어.

The food was stupid good.

음식 완전 맛있었어.

*stupid + good = very good

Stupid에는 흔히 쓰는 '바보'라는 뜻 외에 '미쳤다, 굉장하다' 같은 뜻도 있어요. 이 의미를 모르면 미국인 친구가 it's stupid라고 할 때 오해할 수 있겠죠?

| 응용표현 |

* His truck had a really expensive stereo system in it. It was **stupid**.

  걔 트럭에 엄청 비싼 스피커 있어. 완전 미쳤어.

* His parents spent a ton of money on his birthday party. It was **stupid**.

  걔네 부모님이 걔 생일 파티에 돈 엄청 썼대. 완전 대박이야!

* We had a **stupid good** time.

  우리 완전 재밌는 시간 보냈어.

| 발음 |

Look at that girl.
저 여자 봐.

Girl 발음 어떻게 하세요? 많은 분들이 r과 l이 만나는 발음을 어려워하는 것 같아요. 원어민처럼 말하는 간단한 팁이 있어요. r과 l 사이에 '으' 소리를 넣는 거예요. gir으l [거으ㄹ]이라고요!

curl ▶ cur으l [커으ㄹ]
swirl ▶ swir으l [스워으ㄹ]

pearl ▶ pear으l [퍼어으ㄹ]
world ▶ wor으ld [워으ㄹㄷ]

| 응용표현 |

---

* **How many kilograms can you dumbbell curl?**
  너는 덤벨 컬 몇 킬로그램까지 할 수 있어?

* **I got a pearl necklace for my birthday.**
  나 생일 선물로 진주 목걸이 받았어.

* **He swirled the ice in his cup.**
  걔가 컵에 있는 얼음을 휘저었어.

* **What in the world is that?**
  저거 도대체 뭐야?

Fill the cup
all the way up.

컵 끝까지 채워줘.

*all the way 끝까지, 완전히

'지퍼 끝까지 올려!' '수도꼭지 끝까지 돌려!' 이렇게 '끝까지'라는 표현 자주 쓰시죠? 사전을 찾아보니 to the end라고 나오는데요, 이건 '마지막까지'라는 의미가 강해서 어색합니다. 끊어지지 않고 끝까지 쭉 하는 행위를 말할 때는 all the way라고 해보세요.

| 응용표현 |

* Turn it **all the way** over.
  끝까지 쭉 뒤집어줘.

* Zip your pants **all the way** up.
  지퍼 끝까지 쭉 올려라.

* Cut the steak **all the way** through.
  스테이크 끝까지 잘라줘.

  * 뭘 통과해서 끝까지 할 땐 through도 함께

She couldn't care less.

걔는 하나도 신경 안 써.

어떤 상황에 대해서 아예 관심이 없을 때 couldn't care less라고 해요. I don't care(신경 안 써)라는 표현과 비슷하지만 그보다 더 신경 안 쓴다는 걸 강조하는 표현입니다.

| 응용표현 |

* **I couldn't care less** about what she said.
  걔가 무슨 말을 했든지 난 전혀 관심 없어.

* **I couldn't care less** what you do.
  네가 뭘 하든 난 상관없어.

* He **couldn't care less** about her feelings.
  걔는 그녀 기분을 전혀 신경 쓰지 않아.

He was born with a silver spoon in his mouth.

걔 은수저 물고 태어났잖아.

* silver spoon 은수저(=금수저)

서양의 귀족들은 은으로 된 걸 즐겨 썼어요. 반짝반짝하고 튼튼하니까요. 그래서 미국에서는 부자를 말할 때 금수저 대신 은수저라고 합니다. 하층민들은 나무 수저(wooden spoon)를 주로 써서 흙수저와 비슷한 느낌이지만 실제로는 잘 쓰지 않는 표현이에요.

| 응용표현 |

* Were you born with **a silver spoon** in your mouth?
  너 은수저라도 물고 태어난 거야?

* I wasn't born with **a silver spoon** in my mouth.
  I'm broke.
  나는 은수저 물고 태어나지 않았어. 거지야.

My coworker told me about that movie.
동료가 그 영화에 대해서 말해줬어요.

많은 분들이 미국인에게 선배를 소개할 때 어떤 호칭을 써야 할지 고민하는 것 같아요. 미국에는 선후배 개념이 없습니다. 같이 학교 다니면 다 친구, 회사에서 같은 직급이면 다 동료입니다. 사전에 나오는 senior, superior라는 단어를 쓰면 상하 체계가 확실한 군대를 떠올려요.

| 응용표현 |

* Ryan is a friend from school.
   라이언은 내 학교 친구야.

* I have to go meet a classmate at the library today.
   나 오늘 도서관에서 학교 친구 만나야 해.
   * 학교 선배는 friend, classmate

* A colleague of mine wants me to go to a baseball game with her tomorrow.
   동료 한 명이 내일 야구장에 같이 가달라고 하더라고.
   * 직장 선배는 coworker, colleague

JANUARY

5

You'll live.
그런다고 안 죽는다.

You'll live, I'll live는 '참을 만해' '별거 아닌데, 뭘' '사소한 일이야' 정도로
이해하시면 좋아요. I'll be okay, It's not a big deal 같은 표현들만큼 자주
써요. 한국말 '죽진 않겠지, 뭐' '뭐, 괜찮을 거야'와 아주 비슷해요.

| 응용표현 |

* A: Are you going to be okay?
  너 괜찮겠지?
  B: I'll live.
  죽진 않겠지, 뭐.

* A: I cut my pinky! Ouch!
  새끼손가락 다쳤어! 아야!
  B: You'll live.
  그런다고 안 죽는다.

* A: He's really upset because he failed his math test.
  걔 수학 시험 떨어져서 기분 정말 안 좋은가 봐.
  B: He'll live.
  괜찮겠지, 뭐.

I can't
make up my mind.
결정 못 하겠어.

* make up one's mind 결정하다

어떤 결정을 해야 하는데 마음이 왔다 갔다 할 때가 있죠? 이런 경우에 '마음'은 mind입니다. 그래서 make up one's mind라고 해요.

| 응용표현 |

* **Make up your mind!**
  결정해!

* **I can never make up my mind.**
  결정하는 건 항상 어려워.

* **Let me know when you make up your mind.**
  결정하면 알려줘.

Is it a boy or a girl?

수컷이야, 암컷이야?

동물의 성별이 궁금할 때 보통 Is it a boy or a girl?이라고 해요. 어떤 분들은 it을 물건에 대해서만 쓸 수 있다고 생각하지만 동물을 지칭할 때도 씁니다. 일단 모르니까 중립적인 it을 쓰는 거죠. 간혹 임산부의 태아도 이렇게 불러서, 아기가 태어나면 의사 선생님이 It's a boy!라고도 한답니다.

| 응용표현 |

* **Cute dog! Is it a boy or a girl?**
  개가 귀엽네! 수컷이야 암컷이야?

* **It looks like a boy.**
  수컷 같은데.

* **Do you think it'll be a boy or a girl?**
  수컷일 것 같아? 암컷일 것 같아?

I got a puppy for Christmas!

나 크리스마스 선물로 강아지 받았어!

크리스마스도 추수감사절 같은 큰 명절이지만, 가장 큰 차이는 선물을 주고 받는다는 거예요. 선물을 준비해야 하는 어른들에겐 스트레스일 수도 있겠지만, 어린이들은 즐거울 수밖에 없겠죠? 그래도 착한 아이들은 부모님이 집을 꾸밀 때 열심히 도와줘요. 25일 아침에는 가족들이 둘러앉아 한 명씩 선물을 열어보고 감사하는 마음을 전하죠.

| 응용표현 |

* **What's on your Christmas list?**
  크리스마스 때 뭐 받고 싶어?
  * 크리스마스 전날 많이 듣는 말이에요.

* **We're going to put up Christmas lights tomorrow.**
  우리 내일 크리스마스 전등으로 장식할 거야!

Say, where'd you get that shirt?

저기, 너 그 셔츠 어디서 샀냐?

* where'd = where did
* Say 저기, 있잖아

동사가 문장 맨 앞에 오면 명령어가 된다고 배우셨죠? 하지만 say는 좀 달라요. '말하다'라는 뜻 외에 구어체로 '있잖아' '저기' 같은 뜻도 있거든요. By the way처럼 대화를 시작하거나 주제를 바꿀 때 사용할 수 있어요.

| 응용표현 |

* **Say, do you know any good museums around here?**
  저기, 이 근처에 좋은 미술관 알아?

* **Say bro, what you said to me earlier wasn't cool.**
  저기 야, 네가 아까 나한테 한 말 별로였어.

* **Say man, I can't come to your party this weekend.**
  저기 있잖아, 이번 주에 네 파티에 못 가겠다.

His girlfriend is so clingy.

걔 여자 친구가 좀 질척거리는 스타일이야.

* clingy 질척거리는

연인이나 썸 타는 사람이 평소에 연락을 너무 많이 하고 매일 만나자고 하면 한국말로 '질척거리다'라고 하잖아요. 영어로는 clingy라는 단어를 쓰는데 '달라붙는, 매달리는'이라는 뜻이에요.

| 응용표현 |

★ My girlfriend isn't very **clingy**.
  내 여자 친구는 그렇게 질척거리는 스타일 아냐.

★ She dumped her boyfriend because he was too **clingy**.
  걔 남자 친구가 너무 질척거려서 그냥 헤어졌대.

★ You're so **clingy** even though we aren't dating.
  사귀는 것도 아닌데 너 너무 질척거린다.

I had some
bad customers today.
나 오늘 엄청 진상 손님 봤어.

* bad customer 악성 소비자

블랙 컨슈머, '악성 소비자'라는 뜻이죠? 하지만 미국인들이 이 단어를 들으면 '흑인 소비자'라고 이해하고 깜짝 놀랄 수 있어요. 미국은 인종 문제에 아주 예민해서 이렇게 큰 오해가 생기는 거예요. 미국에는 '악성 소비자'를 뜻하는 말이 따로 없어서 다양하게 표현하는 편입니다.

| 응용표현 |

* How do you deal with **horrible customers?**
  넌 진상 손님한테 어떻게 대처해?

* I don't want to sound like a **rude customer.**
  제가 진상 손님처럼 말하려는 건 아니에요.

* Do you get a lot of **disrespectful customers?**
  진상 손님 많이 와?

Have you tried Korean BBQ?

한국 바비큐 먹어봤어?

한국에서는 '비비큐'라고 하면 대부분 '바비큐'로 잘 알아듣잖아요? 그런데 미국에서는 글로 쓸 때는 간단하게 BBQ라고 할 수 있지만 말할 때는 barbecue [바비큐]라고 제대로 발음해야 됩니다. X-mas를 '엑스마스'라고 읽지 않고 '크리스마스'라고 하는 것처럼요.

| 응용표현 |

* **Let's go get some BBQ!**
  우리 바비큐 먹으러 가자!

* **I know a really good BBQ place.**
  나 바비큐 끝내주는 집 아는데.

* **Is that BBQ sauce?**
  그거 바비큐 소스인가?

Getting a new passport can be such a hassle.
새 여권 받는 거 정말 번거로워.

* hassle 번거로운 일

복잡하고 성가실 때 '번거롭다'라는 표현을 쓰죠? 사전에서 찾아보면 cumbersome이 나오지만 이건 약간 아껴서 쓰는 고급 어휘입니다. 이 단어에는 크고 무거워서 다루기 힘들다는 의미도 들어 있어요. 그랜드 피아노를 작은 문 사이에 넣으려면 어색하고 힘들잖아요? 바로 그런 느낌. 편하게 '번거롭다'라고 말하고 싶을 때는 hassle을 사용하세요.

| 응용표현 |

* **Doing dishes by hand is too much of a hassle for me.**
  설거지 손으로 하는 거 나한테 너무 번거로운데.
  * be too much of a hassle / really a hassle 너무 번거롭다

* **I like all-inclusive resorts because they're hassle-free.**
  나는 가격에 비용이 다 포함된 리조트가 좋아. 왜냐하면 번거롭지 않으니까.
  * be hassle-free 전혀 번거롭지 않다

Are you from around here?

너 이 근처에 살아?

미국에서는 상대방이 먼저 이야기할 때까지 어디 사는지, 누구랑 사는지 묻는 게 아주 실례입니다. 혼자 사는지 묻는 것은 더 실례고요. 간접적으로 묻는 것도 가급적 피해주세요. 집에 바래다주고 싶거나 순수하게 궁금해서 묻고 싶으면 이렇게 말해보세요.

| 응용표현 |

★ **I live in Gangnam.**

나는 강남에 살아.

• 본인 정보를 먼저 말하고 상대방의 반응을 기다려요.

★ **Is your place far from here?**

너희 집 여기서 멀어?

• 상대방이 원하는 만큼만 정보를 줄 수 있게 배려해요.

I'm a language nerd.
나 언어 덕후야.

Nerd를 '찐따'라는 의미로 아는 분들이 있는데, 마크 저커버그나 빌 게이츠 같은 '범생이'를 이렇게 불러요. 교육 가치관에 따라 공부를 중요하지 않게 여기는 사람들은 이 단어를 안 좋은 의미로 쓰기도 하지만, 최근에는 '범생이 패션'이 멋있다고 생각하는 분위기가 생겨서 좋은 의미로 쓰기도 합니다.

| 응용표현 |

* **You're such a K-pop nerd.**
  너 진짜 케이팝 덕후네.
  * 뭔가를 굉장히 좁고 깊게 아는 사람

* **I've always been into nerd fashion.**
  나 범생이 패션에 빠진 지 꽤 됐어.
  * 옷을 범생이처럼 입는 사람

* **I like to go for the nerd look.**
  나 범생이 스타일 좋아해.

I'm going to the States next week.

나 다음 주에 미국에 간다.

영어로 대화할 때 미국을 뭐라고 하세요? 미국인들이 편하게 말할 때는 America나 USA 같은 단어를 거의 사용하지 않아요. 여러분이 일상 대화에 '대한민국'이라는 표현을 잘 안 쓰는 것처럼요. 대신 미국인들은 the States, the US라고 말해요.

| 응용표현 |

* **I've lived in the States for 10 years.**
  전 10년 동안 미국에서 살고 있어요.

* **Is this your first time traveling to the US?**
  미국 여행은 처음이세요?

* **I've never left the States.**
  저 한 번도 미국을 떠나본 적이 없어요.

JANUARY

11

He hinted that it was time for us to go.
친구가 빨리 나가자고 눈치 줬어.

* hint 눈치 주다

한국에서는 '눈치'라는 단어를 엄청 많은 상황에서 쓰잖아요? 상황에 따라 분류해보니 10가지 이상의 의미가 있더라고요. 한국말 '눈치'를 영어로 완벽하게 번역할 말은 없지만 평소 아주 흔하게 사용하는 '눈치 주다'라는 의미는 hint로 표현해볼 수 있어요.

| 응용표현 |

* **The store owner hinted that it was time to leave.**
  가게 주인이 나갈 시간이라고 눈치 줬어.

* **My boss has been hinting that he wants to fire me.**
  사장님이 나 자르려고 눈치 주는 것 같아.

* **Kelly has been giving him hints that she wants to date him.**
  켈리가 그 녀석한테 사귀고 싶다고 눈치 주고 있나 봐.

Don't stick your tongue out at me!

나한테 메롱 하지 마!

• stick out 내밀다

메롱 할 때 혀를 내밀잖아요? 그럴 때는 stick out이라는 동사를 씁니다. 미국에서도 재미로 메롱 하는 사람이 아주 많거든요. 혀를 내미는 방향을 표현할 때는 at을 사용하면 됩니다.

| 응용표현 |

★ Did you just **stick** your tongue **out** at me?
방금 나한테 메롱 한 거야?

★ I **stuck** my tongue **out** at the teacher.
내가 선생님에게 메롱 했어.

★ **Sticking** your tongue **out** is rude!
메롱 하는 건 아주 무례해.

| 발음 |

Tell them to go away.

그 사람들 가라고 해.

• go away (사람 · 장소를) (떠나)가다

Them의 발음을 [뎀]으로만 알고 있으면 가끔 안 들릴 수 있어요. 평소 편하게 말할 때는 them을 또박또박 발음하지 않고 th를 아예 생략해버리거든요. 그냥 'em(엠)'으로 알파벳 m처럼 발음한답니다.

tell them ▶ [tell'em]
put them ▶ [put'em]
catch them ▶ [catch'em]

| 응용표현 |

★ **Put them** on the counter.
   카운터 위에 그것들을 놔주세요.

★ They'll probably **catch them** all.
   그들이 아마 그 사람들 다 잡을 것 같아요.

Do you sell
plaid shirts?

체크 셔츠 팔아요?

* plaid shirt 체크 셔츠

체크 셔츠라고 말하면 '뭘 확인하는 셔츠?' '체크무늬가 그려진 셔츠?'라 며 이해를 못 할 가능성이 큽니다. 미국에서는 이런 무늬를 plaid라고 해서 plaid shirt 또는 체크 셔츠를 만드는 원단인 flannel을 써서 flannel shirt라 고 합니다.

| 응용표현 |

* **Why do you always wear plaid shirts?**
  너 왜 항상 체크 셔츠만 입고 다니냐?

* **She looks pretty good in plaid.**
  쟤 체크 셔츠 입으니까 잘 어울린다.

* **I don't like flannel shirts.**
  나 체크 셔츠 안 좋아해.

I scrubbed my toilet, washed the dishes and whatnot.

나 화장실 청소도 하고 설거지도 하고 뭐 그랬어.

• whatnot 뭐 그래

가끔 의식의 흐름대로 말하다 보면 갑자기 말문이 막힐 때가 있죠? 관찰해보니까 한국 사람들은 '난 스릴러나 미스터리… 그런 거 좋아하지' 같은 방법을 쓰더라고요. 영어에도 '기타 등등'이라는 의미의 whatnot이 있어요. 이제 무슨 말을 해야 할지 생각이 안 나도 걱정 없이 말을 끝낼 수 있겠죠?

| 응용표현 |

* My cat keeps shedding, scratching the furniture and whatnot.

  우리 고양이는 털도 빠지고 가구도 막 긁고 뭐 그래.

* We went to the mall, had lunch, bought some new clothes and whatnot.

  저희 쇼핑몰에 가서 점심도 먹고 새 옷도 사고 뭐 그랬어요.

Don't let it get to you.
그거 너무 신경 쓰지 마.

친구가 어떤 상황 때문에 너무 스트레스를 받고 있다면 Don't let it get to you
하고 위로해줄 수 있어요. '너무 신경 쓰지 마'라는 표현과 아주 가까워요.

| 응용표현 |

* **He's just a jerk. Don't let him get to you.**
  걔 원래 이상한 놈이야. 너무 신경 쓰지 마.

* **The bad weather will pass. Don't let it get to you.**
  안 좋은 날씨는 곧 지나가잖아. 너무 신경 쓰지 마.

* **I know it's a tough situation, but don't let it get to you.**
  상황이 얼마나 안 좋은지 알지만, 너무 신경 쓰지 마.

I'll take you
under my wing.

내가 너를 보호해줄게.

*take someone under one's wing ~를 챙기다, 보호하다

'챙겨주다'라는 말은 영어로 어떻게 표현할 수 있을까요? 어떤 사람을 철저히 챙기고 돕는다고 할 때 take someone under one's wing이라고 해요. 닭들이 날갯죽지 아래 병아리들을 보호하는 것처럼요.

| 응용표현 |

* **The shoemaker took a homeless orphan under his wing.**
  제화공이 집이 없는 고아를 보호하기 시작했어.

* **He looked sad and lonely so I took him under my wing.**
  걔 너무 슬프고 외로워 보여서 내가 챙겨주기 시작했어.

* **She saw his potential and decided to take him under her wing.**
  걔가 그의 가능성을 보고 그를 돌봐주기로 했어.

DECEMBER

17

You don't want to sit there.

여기 앉지 마세요.

* You don't want to ~하지 마세요

상대방의 행동을 멈추게 하거나 말릴 때 '~하지 마'라고 말하죠? 명령어는 don't + (동사)라고 배워서 많은 분들이 이렇게 사용하고 있어요. 하지만 명령조는 상대방에게 불편하게 들릴 수 있으니까 권유의 느낌인 you don't want to라는 표현으로 좀 더 부드럽게 말해보세요.

| 응용표현 |

* **You don't want to eat that. It's really spicy.**
  그거 먹지 마세요. 진짜 매워요.

* **You don't want to do that. Trust me.**
  그러지 마세요. 제 말 믿어요.

* **You don't want to drive without a license. You could go to jail.**
  면허 없이 운전하지 마. 감옥 갈 수도 있어.

Let me get that junk out of the back seat.

뒷자리에 있는 물건 좀 치울게.

* junk 정리되지 않은 물건

사전에서 junk를 찾아보면 '폐물' '쓰레기'라고 나오지만, 지금 당장 쓰지 않는 물건이나 정리되지 않은 물건을 말할 때도 쓸 수 있어요. 그래서 stuff(물건)로 바꿔서 쓸 수 있어요. 물론 junk가 stuff보다는 가치를 두지 않는 느낌이지만요.

| 응용표현 |

* **There's a bunch of junk in the closet.**
  옷장에 정리 안 된 물건 엄청 많아.

* **What's all that junk on the desk over there?**
  책상 위에 그 물건들 다 뭐야?

* **She was staring at my junk.**
  그 여자가 내 중요 부위를 쳐다보고 있었어.
  * 여기서 junk는 '중요 부위'로 해석할 수 있어요.

Clear your desk.

책상 치우세요.

* clear 치우다, 비우다

Clear를 '투명한'이라는 뜻으로 알고 계시는 분이 많겠지만 사실 동사로 쓰면 '치우다'라는 뜻입니다. 보통 표면이 있는 것, 예를 들어 책상이나 식탁을 치울 때 사용해요. Clean과 혼동하지 않도록 유의하세요!

| 응용표현 |

* **Clear your desks so we can start the test.**
  시험을 볼 수 있게 책상을 치우세요.

* **I had to clear my desk and leave the office.**
  책상을 비우고 회사를 떠나야 했어.

* **Could you please clear the table?**
  식탁 좀 치워주실래요?

No wonder the baby is crying. He's hungry!

어쩐지 애가 울더라. 배가 고팠네!

* no wonder 어쩐지

생각이 딱 들어맞을 때 '어쩐지!'라고 하죠? 사전에서 검색해보니까 somehow라고 나오는데, 이 말은 '왠지' '뭔가'라는 의미에 더 가까워요. 또 많은 분들이 아는 I knew it이라는 표현은 '그럴 줄 알았어'라는 뜻이에요.

| 응용표현 |

★ **No wonder he didn't show up today.**

어쩐지 걔가 오늘 안 보인다 했다.

★ **So that's why the baby was crying. He pooped his diaper!**

어쩐지 애가 울더라. 기저귀에 응가했네!

★ **Somehow, I got a perfect score on my math test.**

왠지 모르겠지만 나 (공부 안 했는데) 수학 시험에서 만점 받았어.

* somehow는 이런 뉘앙스예요.

Where did he go?

그 친구 어디 갔어?

* he ▶ e [이]

미국 사람들은 편하게 말할 때 발음을 굴릴 때가 많아요. 그래서 What did he say to her? 같은 쉬운 문장도 잘 안 들리죠? h 발음을 생략하기 때문이에요. 그러면 발음하기 쉽고 빨리 말할 수 있거든요.

him ▶ em [임]　　　　has ▶ azz [애즈]

have ▶ ave [애브]　　　her ▶ er [어]

| 응용표현 |

* **He has a crush on her.**
  그 친구 그녀에게 반했어.

* **She had no interest in him.**
  그 여자는 내 친구에게 관심 없대.

* **Her mom told her to stop talking to him.**
  걔 엄마가 그 친구랑 말 섞지 말라고 했거든.

Good job, smarty-pants!

잘했어, 똑똑한 친구!

* smarty-pants 똑똑한 사람

Smarty-pants는 '똑똑한 사람'을 뜻하지만 부정적 의미로 사용하기도 해요. 어떤 사람이 무조건 자기 말만 맞는다고 주장할 때나 아기가 처음으로 한글 자모를 다 익혔을 때도 쓸 수 있어요. 상대방이 바지를 입었는지 어쨌는지는 상관없습니다! 😁

| **응용표현** |

* **My manager is such a smarty-pants sometimes.**
  우리 부장님은 가끔 그렇게 잘난 척을 해.(부정적)

* **My baby can count to ten now.**
  He's such a smarty-pants.
  우리 아기가 10까지 셀 수 있어. 완전 똑똑해!(긍정적)

* **You got a perfect score? Smarty-pants!**
  만점 받았다고? 천재네!

Can I put it off
until the last minute?

나 마지막 순간까지 미뤄도 돼?

*put off until the last minute 마지막 순간까지 미루다

귀찮으면 할 일을 마지막 순간까지 미루게 돼요. 영어 원어민들도 그러기는 마찬가지랍니다! 이런 습관을 말할 때 put off until the last minute/second 라고 표현해요. Put off는 '미루다', until the last minute은 '마지막 순간까지'라는 뜻이에요.

| 응용표현 |

* **I always put homework off until the last minute.**
  나는 숙제를 항상 마지막 순간까지 미뤄.

* **You put everything off until the last second.**
  넌 모든 걸 마지막 순간까지 미루지.

* **Quit putting your homework off until the last minute!**
  막판까지 숙제 미루기 그만해!

What's your take on that?

네 의견은 어때?

* take 의견

Take에는 여러 의미가 있는데, 누군가 What's your take on it? 하고 묻는다면 여기서 take는 '의견'이라는 뜻입니다. What do you think about(~에 대해서 어떻게 생각해?)이라는 표현과 똑같아요.

| 응용표현 |

* **What's your take on the way the president reacted?**
  대통령의 반응에 대해서 어떻게 생각해?

* **What's her take on the situation?**
  이 상황에 대해서 그녀는 어떻게 생각해?

* **What's your take on what happened last night?**
  어젯밤 사건에 대해서 어떻게 생각해?

I can tell by just looking at her that she's really smart.

걔 똑똑한 거 딱 봐도 알겠다.

*can tell by looking at 딱 봐도 알 수 있다

'딱 봐도 알 수 있다'라는 말과 가장 비슷한 영어 표현은 can tell by (just) looking at입니다. Can tell이 '말할 수 있다'처럼 들리겠지만, 이런 경우에는 '볼 수 있다' 즉 '알 수 있다'라는 뜻이에요.

| 응용표현 |

★ I can tell by just looking at him that he's spoiled.

걔 버릇 나쁜 거 딱 봐도 알겠다.

★ You can tell by just looking at them that they're filthy rich.

걔네 엄청난 부자인 거 딱 봐도 알겠다.

* 여기서 you는 '너'가 아닌 일반 사람을 말해요.

JANUARY

19

Oliver's
Daily
Calendar

I got chewed out
at work today.
나 오늘 회사에서 깨졌어.

＊chew out 질책하다

누군가에게 심한 질책을 받으면 기분이 안 좋아지죠? 이런 상황을 영어로는
get chewed out이라고 해요. 한국에서 흔히 쓰는 '깨졌다'라는 표현을 미국
에서는 '씹혔다'라고 하네요!

| **응용표현** |

* **My boss chewed everyone out today at work.**
  오늘 회사에서 사장님이 모든 직원을 질책했어.

* **Why did you chew him out like that?**
  걔를 왜 그렇게 심하게 질책한 거야?

* **I got chewed out by my teacher.**
  선생님께 깨졌어.

You'll figure it out.
알게 될 거야.

*figure out 이해하다

처음엔 전혀 이해하지 못했지만 노력 끝에 결국 이해하게 되었을 때 figure out이라는 표현을 쓸 수 있어요.

| 응용표현 |

* I can't figure out what this says.

   이게 무슨 뜻인지 이해를 못 하겠어.

* Just give it some time and you'll figure it out.

   시간이 좀 지나면 결국 이해하게 될 거야.

* Did you figure out how to play the piano?

   피아노 어떻게 치는지 이해됐어?

Oliver's
Daily
Calendar

It was all for nothing.
괜히 했어.

* for nothing 괜히

시험 공부를 엄청 열심히 했는데 시험 일정이 취소된 적 있으세요? 한국말로
'괜히 열심히 공부했네!' 하는 기분을 영어로 for nothing이라고 표현하면 딱
맞아요. 뭔가를 열심히 했는데도 결국 아무것(nothing)도 못 얻었으니까요!

| 응용표현 |

---

* I drove all the way here for nothing.
  여기까지 괜히 운전해 왔잖아.

* All that work was for nothing.
  그 모든 노력은 다 괜한 짓이었어.

* All that studying I did was for nothing.
  내가 한 공부는 모두 헛된 것이었어.

I want to be
a flight attendant.

나 승무원이 되고 싶어.

미국에서는 '스튜어디스' '스튜어드'라는 단어가 어느 정도 역사 속으로 사라졌어요. 대신 flight attendant라고 말하는 경향이 생겼죠. 좀 더 전문적이고 성 중립적인 표현 같아요. 물론 아직까지 좀 나이 있으신 분들은 '스튜어디스'라고 하시지만요.

| 응용표현 |

* A flight attendant tackled a passenger on my flight.
  내가 탄 비행기에서 승무원이 어떤 손님을 제압했어.

* The flight attendants were very nice.
  그 승무원들 엄청 친절하더라.

* My mom was a flight attendant for 25 years.
  우리 엄마는 25년 동안 승무원이셨어.

Don't burn yourself out.
너무 무리하지 말고.

＊burn out 소진하다

Burn out은 원래 '불이 꺼지다'라는 뜻인데 사람의 힘에 대해서 말할 때도 재미있게 쓸 수 있어요. 촛불이 꺼지면 더 이상 기능이 안 되는 걸 연상하면 쉬워요. 그래서 burn과 out을 한 단어로 합쳐 '(신체적·정신적) 소진'을 뜻하는 명사(burnout)로도 쓴답니다.

| 응용표현 |

★ **Carl really burned himself out today at work.**
오늘 칼이 너무 무리하게 일했어.

★ **Take a break or you'll burn yourself out.**
안 쉬면 지칠걸.

★ **I have bad burnout these days.**
나 요새 많이 지쳤어.

＊심각성을 강조할 때 bad를 사용해요. 이보다 더 강조하고 싶으면 terrible 혹은 horrible도 쓸 수 있어요.

I'm from Korea.
전 한국에서 왔어요.

I am, you are, he is를 I'm, you're, he's 로 줄이든 안 줄이든 의미는 같다고 배우셨죠? 하지만 뉘앙스가 많이 다릅니다. 원어민들은 강조하거나 또박또박 말할 때 외에는 주로 be 동사는 줄여서 말합니다. 안 그러면 살짝 로봇처럼 들릴 수 있어요.

| 응용표현 |

* **I am from Korea.** 전. 한.국.에.서. 왔.습.니.다. (로봇용 혹은 강조용)
  ▶ **I'm from Korea.** 전 한국에서 왔어요. (일상 대화용)

* **He is my best friend.** 그.녀.석.은. 내. 절.친.입.니.다. (로봇용 혹은 강조용)
  ▶ **He's my best friend.** 걔 내 절친이야. (일상 대화용)

* **You are so cute.** 너.는. 정.말. 귀.엽.다. (로봇용 혹은 강조용)
  ▶ **You're so cute.** 너 정말 귀엽다. (일상 대화용)

It's your call.
네가 결정해.

* call 결정, 선택

Call에는 여러 가지 의미가 들어 있어서 맥락에 따라 그 뜻이 달라집니다.
It's your call이라고 하면 '네가 결정해'라는 뜻으로 It's your decision과 같
은 말이에요. 상대방에게 선택 권한이 있을 때 써요.

| 응용표현 |

* **Whose call is it?**
  누가 결정해?

* **The boss said it's your call.**
  사장님이 너한테 결정하라고 하던데.

* **This isn't my call. It's up to Steve.**
  난 결정권 없어. 스티브가 선택해야 해.

What's on your mind?

무슨 생각 해?

*mind 생각

인간은 생각을 뇌로 하니까 '생각'을 영어로 표현하면 brain과 관련있을 것 같지만 mind라는 단어를 써요. 그래서 마음속에 어떤 고민이 있거나 이성을 생각할 때 on one's mind라는 표현을 사용할 수 있어요.

| 응용표현 |

* **You've been on my mind all day.**
  하루 종일 널 생각했어.

* **I have a lot on my mind lately.**
  나 요새 고민이 많아.

* **Am I on your mind?**
  내 생각 해?

What's the rush?

왜 그렇게 급해?

*rush 급함

'왜 그렇게 급해?'는 영어로 What's the rush?가 딱 좋은 번역 같습니다.
Rush는 '급함, 서두름'이라는 뜻으로 급한 상황에서 자주 들을 수 있어요.

| 응용표현 |

* **What's the rush? We still have all day.**
  왜 그렇게 급해? 아직 오늘 하루가 남았잖아.

* **There's no rush.**
  급하게 할 이유가 없어.

* **I have to rush or I'll be late.**
  서두르지 않으면 늦을 거야.

It'd probably be a good idea to call your boss.

네 사장님에게 전화하는 게 좋을 것 같아.

＊It'd = It would

조언은 최대한 부드럽게 전달하는 게 좋아요. 안 그러면 상대방이 기분 나쁠 수 있으니까요. Would만 사용해도 되지만 그보다 더 부드럽게 말하는 방법이 있어요. It'd be a good idea to(~하는 게 좋을 것 같다)에 probably(아마)를 더하면 된답니다.

| 응용표현 |

* **It'd probably be a good idea to be quiet.**
  너 좀 조용히 하는 게 좋을 것 같아.

* **It'd probably be a good idea to start over.**
  다시 처음부터 시작하는 게 좋을 것 같아.

* **It'd probably be a good idea to go on a diet.**
  너 다이어트 해보면 좋을 것 같아.

Were you born yesterday?

그것도 모르냐?

어떤 사람이 정말로 당연한 사실, 뉴스, 유명한 가십거리 같은 걸 모를 때 어떻게 반응하나요? '어떻게 그걸 모를 수가 있어?!'라고 하죠? 영어로는 이 말을 '너 어제 태어났니?'라고 표현해요.

| 응용표현 |

* You didn't know? Were you born yesterday?
  몰랐다고? 어떻게 모를 수 있지?

* He doesn't know who the president is?
  Was he born yesterday?
  걔는 대통령이 누군지 모른다고? 어떻게 그걸 몰라?

* I wasn't born yesterday!
  나 바보 아니거든!

Can I hold
your puppy?
당신의 강아지를 안아봐도 돼요?

* hold 안다

귀여운 강아지를 보면 '혹시 강아지를 안아봐도 돼요?'라고 물어볼 수 있죠.
어떤 분들은 직역해서 Can I hug your puppy라고 하는데 느낌이 좀 달라요.
영어로는 hold를 씁니다.

| 응용표현 |

★ **Can I hold your kitten?**
아기 고양이 안아봐도 돼요?

★ **Can I hold your baby?**
당신의 아기를 안아봐도 될까요?

★ **Can I hold it?**
반려동물 안아봐도 돼요?
* 성별을 모를 때는 it을 써요.

Oliver's
Daily
Calendar

The odds are that it will rain this Sunday.

이번 주 일요일에 비가 올 가능성이 커.

* odds 가능성

어떤 상황의 가능성에 대해서 말할 때 odds라는 단어를 사용할 수 있어요.
보통 the odds are that you will/won't (상황) 같은 형식으로 사용해요.

| 응용표현 |

* **The odds are that you'll never visit space in your lifetime.**
  당신이 우주에 갈 일은 절대 없을 거예요.

* **The odds are that we won't get to go on vacation this year.**
  올해는 휴가를 못 갈 것 같아요.

* **What are the odds that I'll win the tournament?**
  내가 그 대회에서 1등 할 가능성이 있을까?

Don't take this personally.

너무 기분 나쁘게 받아들이지 마.

*take personally 기분 나쁘게 받아들이다

자신을 향한 비판에 대해서 지나치게 기분 나빠하거나 인신공격으로 받아들이는 사람이 있잖아요. 이런 경우 take personally라는 표현을 사용할 수 있어요. 너무 개인적으로 받아들여서 상처를 받는 거니까요.

| 응용표현 |

* **Why do you take everything so personally?**
  왜 그렇게 모든 것을 기분 나쁘게 받아들여?

* **I didn't take it personally.**
  난 기분 나쁘게 받아들이지 않았어.

* **Don't take this personally, but you need to shower.**
  기분 나쁘게 받아들이지 마, 너 샤워하는 게 좋을 것 같아.

I've been cooped up at home all day.

하루 종일 집에만 있었어.

* be cooped up 답답하게 한곳에 박혀 있다

영어로 닭장을 chicken coop이라고 하는데 보통 좀 작고 답답하게 생겼어요. 그래서 be cooped up이라고 하면 '답답하게 어디 안에 있다'라는 뜻으로 쓰여요. 특히 바깥 날씨가 엄청 추울 때 be cooped up 하는 사람이 아주 많을 것 같아요.

| 응용표현 |

* **The children have been cooped up at home all week.**
  아이들은 일주일 내내 집에만 있었어요.

* **I hate being cooped up, but the weather is so bad outside.**
  집에만 있는 걸 싫어하지만 바깥 날씨가 너무 안 좋잖아요.

* **The travelers were all cooped up in a tiny hostel.**
  여행객들은 작은 호스텔 안에서 답답하게 지내고 있었어.

That's what I heard.
나는 그렇게 들었어.

* that's what someone heard ~가 그렇게 들었다

남에게 어떤 사실을 들었다고 할 때 heard로 표현할 수 있어요. 만약 내가
들은 것이 다른 사람이 들은 사실과 다르다면 오늘의 표현에 not만 추가해도
돼요.

| 응용표현 |

* **That's not what I heard.**
  나는 그렇게 듣지 않았는데.

* **That's what I heard about you.**
  나는 너에 대해서 그렇게 들었어.

* **Is that what you heard as well?**
  너도 그렇게 들었어?

JANUARY

27

Oliver's
Daily
Calendar

| 발음 |

Have you been to the new café?

너 새로 생긴 카페 가봤어?

[카페]라고 했는데 상대방이 이해 못 한 적 있으세요? 한국에선 주로 첫 글자를 [까]로 발음하고 강세도 첫 글자인 '카'에다 주는데요, 그러면 전혀 다른 단어처럼 들려요. 앞으로 c는 'ㅋ', a는 'ㅐ'로 발음하고, 강세도 뒷글자 '페↑'에 줘보세요.

ㅋㅐ↓ fㅔ↑ 이렇게요!

| 응용표현 |

* I ate breakfast at a **café**.
  나 카페에서 아침 먹었어.

* That **café** sells really good sandwiches.
  그 카페에서 엄청 맛있는 샌드위치 팔아.

* There's a new **café** down the street.
  거기 길 끝에 새 카페 생겼던데.

DECEMBER

4

Oliver's
Daily
Calendar

He went on a rant about how much he hates school.

걔가 학교를 얼마나 싫어하는지 불만을 터트렸어.

* go on a rant 불만을 터트리다

여러분은 불만이 생기면 그때그때 말하는 편인가요, 꼭 참다가 한꺼번에 터트리는 편인가요? 답답한 걸 참다가 결국 폭발하는 걸 go on a rant라고 해요. 특히 정치에 대해서 rant 시작하면 아주 오랫동안 얘기할 수 있겠죠?

| 응용표현 |

* **The actor went on a rant about the healthcare system.**
  그 배우가 의료체계에 대한 불만을 터트렸어.

* **She went on a rant and people got annoyed.**
  걔가 갑자기 불만을 터트려서 주변 사람들이 짜증을 냈어.

* **Sorry for going on a rant like that.**
  이런 식으로 불만을 터트려서 미안해.

Do you really mean it?

정말 진심이야?

＊mean 진심이다

많은 분들이 mean을 '의미하다'라는 뜻으로만 기억하는데요, mean에는 사실 여러 가지 뜻이 있어요. 일상 대화에서는 진심을 강하게 표현하고 싶을 때 mean을 많이 쓴답니다.

| 응용표현 |

* I'm sorry. I didn't mean what I said to you earlier.
  미안. 아까 너한테 한 말 진심이 아니었어.

* Do you really mean it when you say that you love me?
  날 사랑한다는 말 진심이야?

* He told you that he hates you?
  Do you think he meant it?
  걔가 널 싫어한댔다고? 진심인 것 같아?

Just thinking about it makes me laugh.

생각만 해도 웃겨.

*just thinking about 생각만 해도

어떤 상황에 대해 생각만 해도 웃길 때가 있잖아요. 혼자서 히죽히죽 웃으면 조금 이상한 사람으로 보일 수 있으니까 오늘의 표현으로 꼭 설명해주세요. 그 외에도 just thinking about(생각만 해도)을 알아두면 솔직하게 감정을 표현할 때 아주 유용해요.

| 응용표현 |

* **Just thinking about** what you said makes me laugh.
  네가 한 말 생각만 해도 웃겨.

* **Just thinking about** what happened last night makes me feel bad.
  어젯밤에 있었던 일 생각만 해도 기분 나빠.

* **Just thinking about** that cat makes me happy.
  그 고양이 생각만 해도 행복해져.

I owe you one.

신세 졌다.

누군가에게 큰 도움을 받으면 마음에 빛이 생기죠? 이런 경우에 영어로 I owe you one이라고 해요. '고마워. 나중에 나도 도와줄게'라는 의미를 담고 있어요.

| 응용표현 |

* **Thanks, man. I owe you one.**
  고마워. 신세 졌다.

* **She helped out a lot. I owe her one.**
  걔가 오늘 많이 도와줬어. 내가 신세 졌어.

* **I did a lot for you today. You owe me one.**
  널 위해서 내가 많이 해줬잖아. 너 나한테 신세 진 거야.

It's pitch-black out there.

밖이 너무 깜깜해.

* pitch-black 칠흑같이 새까만

시골에는 가로등이 없어서 밤이 되면 완전히 깜깜해지잖아요. 이렇게 칠흑 같은 어둠을 영어로 pitch-black이라고 해요. Pitch에는 석유를 정제할 때 나오는 검은 찌꺼기인 '역청(瀝靑)'이라는 의미가 있거든요. 직역하면 '역청 같이 까맣다'라는 뜻이 된답니다.

| 응용표현 |

* It was **pitch-black**. I couldn't see anything.

    완전히 깜깜했어. 아무것도 안 보였어.

* It gets **pitch-black** where my grandma lives.

    우리 할머니네 동네는 너무 깜깜해.

* It's **pitch-black** in here. Turn on a light.

    여기 너무 깜깜하잖아. 불 좀 켜줘.

I'll keep you posted about the situation.

상황 계속 알려줄게.

* keep posted 계속 알려주다

상황이 어떻게 진행되고 있는지 누군가에게 계속해서 알려준다고 할 때 keep somebody posted라고 해요. Keep somebody informed와 비슷하지만 조금 더 편하게 쓰는 표현이에요.

| 응용표현 |

* Make sure to **keep** me **posted** on the situation.
  나한테 꼭 수시로 상황 알려줘.

* She'll **keep** you **posted** on what's going on.
  걔가 상황이 어떤지 너한테 계속 알려줄 거래.

* I'll try to **keep** you **posted**.
  상황을 계속 알려주도록 노력할게.

DECEMBER

1

| 발음 |

I can/can't swim.
나 수영할 수 있어 / 없어.

Can과 can't 발음 많이 헷갈리죠? Can은 [캔-] 뒤에 이어지는 소리, can't 는 [캔] 뒤에 끊어지는 소리가 납니다. 문장으로 표현될 때는 can [캔-] 소리가 [큰]으로 바뀌어서 차이가 좀 더 뚜렷합니다. 미국 영어는 부드럽게 흘려 말하는 편이라서 여러분이 알아듣기 힘들어하는 것 같아요.

I can swim [아이 큰 스윔]
I can't swim [아이캔√스윔]

| 응용표현 |

★ **I can cook.** [아이 큰 쿡]
I can't cook. [아이캔√쿡]
나 요리할 수 있어.(없어)

★ **I can sing.** [아이 큰 싱]
I can't sing. [아이캔√싱]
나 노래할 수 있어.(없어)

Armchair experts think they know everything.

방구석 전문가들은 다 안다고 생각해.

* armchair expert 방구석 전문가

혹시 방구석 전문가를 만난 적이 있으세요? 그들은 어떤 주제에 대해서 지식이 아주 많은 것처럼 행동하지만 실제로 경험한 건 거의 없죠. 인터넷 커뮤니티에서 가끔 볼 수 있어요. 이런 사람을 영어로는 armchair expert라고 해요. 실제로 경험한 게 아니라 안락의자에 앉아서 배웠다는 의미예요.

| 응용표현 |

* **The comment section is full of armchair experts.**
  댓글 창에 방구석 전문가밖에 없어.

* **She talks about cars all day, but she can't drive. She's an armchair expert.**
  걔는 맨날 차 얘기밖에 안 하는데 운전 못 해. 방구석 전문가일 뿐이야.

12

DECEMBER

I'm so proud of you!
여러분이 자랑스러워요!

2

FEBRUARY

**I know
you can do it!**
여러분은 할 수 있어요!

Why aren't you paying attention to me?

왜 나한테 신경 안 써줘?

* pay attention to 신경 쓰다

식물이나 강아지 또는 연인에게 신경을 안 써주면 문제가 생길 수 있죠. 이런 상황을 pay attention to로 표현할 수 있어요.

| 응용표현 |

---

* You need to pay more attention to your girlfriend.
  네 여자 친구한테 신경 좀 더 써야 할 것 같아.

* I need to pay more attention to my cat.
  내 고양이에게 신경 좀 더 써야겠어.

* You should probably pay more attention to your grades.
  너 학교 성적에 더 신경 쓰는 게 좋겠다.

That's a steal
엄청 저렴하네!

*be a steal 값이 아주 싸다

원래 steal은 '훔치다'라는 뜻인데 어떤 물건을 아주 싸게 살 수 있는 상황에서도 That's a steal이라는 표현을 써요. 너무 저렴해서 거의 훔치는 것처럼 거저 얻게 된다는 느낌을 재미있게 표현하는 말이에요.

| 응용표현 |

* You only paid a dollar for that? That's a steal!
  1달러밖에 안 줬다고? 대박 싸네!

* It was so cheap. It was a steal.
  엄청 쌌어. 거의 무료지.

* It's a steal. You have to buy it.
  대박 좋은 가격이네. 꼭 사야 돼.

She's cute in her own way.

그분은 그분 나름대로 귀여워.

* in one's own way 나름대로

'나름대로'는 영어로 뭐라고 할까요? 번역하기 까다로울 것 같지만 영어로도 in one's own way라고 표현할 수 있습니다. 단, 사람 혹은 사물 캐릭터의 특별함을 묘사할 때 주로 써요. 그래서 '오늘 날씨 나름대로 괜찮네' '그 식당 나름대로 괜찮아' 같은 표현에는 어색해요. 이건 '만족스럽다' '무난하다'라는 의미니까요.

| 응용표현 |

* My dad is funny in his own way.
  우리 아빠는 아빠 나름대로 웃겨.

* He's kind in his own way.
  그 사람은 그 사람 나름대로 친절해요.

* You can make a difference in your own way.
  당신 나름대로 변화를 만들 수 있어요.

He takes after
his father.

걔는 아빠를 닮았어.

* take after   닮다

특히 가족 간에 자주 쓰는 표현인데 take after는 '~를 닮다'라는 뜻이에요.
성격이든 외모든 상관없이 사용할 수 있어요.

| 응용표현 |

* **She's very tall. She takes after her mother.**
  걔는 키가 아주 커. 엄마를 닮았어.

* **Dan has a great sense of humor.
  He takes after his father.**
  댄은 유머 감각이 아주 뛰어나. 아빠를 닮았어.

* **My son is a hard worker. He takes after me.**
  우리 아들은 일을 열심히 해. 나를 닮았어.

Did he quit working for good?

걔 완전히 그만둔 거야?

* for good 완전히

For good은 '좋은 걸 위해'라는 뜻처럼 보이지만 사실 '완전히'라는 뜻입니다.

| 응용표현 |

---

* **She's gone for good.**
  걔 영영 가버렸어.

* **Are we done for good?**
  우리 완전히 끝난 거야?

* **I quit drinking for good.**
  나 술 완전히 끊었다.

The president really beefed up security.

대통령이 보안을 강화했습니다.

*beef up 더 든든하게 만들다

Beef up은 '더 든든하게 만들다, 보강하다, 강화하다'라는 뜻이에요. 소를 도살하기 전에 소고기(beef) 양을 늘리려고 몸집을 최대한 크게 키운대요. 그래서 이런 표현이 생겼어요. 근육을 키울 때 혹은 어떤 물건을 더 튼튼하게 만들 때 쓸 수 있어요.

| 응용표현 |

* Wow, you got really beefed up over the summer.
  와, 너 여름에 근육 돼지 됐어!

* The government beefed up border security.
  정부가 국경 보안을 강화했어.

* I added bigger tires to beef up my car.
  내 차를 더 안전하게 만들려고 더 큰 타이어를 끼웠어.

That car is out of this world.
저 차 완전 대박이야.

* out of this world 너무 훌륭한

어떤 사람 혹은 물건이 엄청 놀라울 때 amazing이라고 표현할 수 있는데, 그 의미를 더욱 강조하고 싶다면 out of this world를 사용해보세요. 매우 신기해서 지구상에 존재하지 않을 것 같다는 느낌으로 이해하시면 됩니다.

| 응용표현 |

* **That new cell phone is out of this world.**
  그 새로 나온 핸드폰 완전 대박이네.

* **I rode the KTX for the first time and it was out of this world.**
  KTX 처음 타봤는데 엄청 신기했어.

* **That singer's voice is out of this world.**
  그 가수 목소리가 진짜 대박이야.

FEBRUARY

Oliver's
Daily
Calendar

It seems more like hours than minutes.

몇 분이 아니라 몇 시간처럼 느껴지네.

* seem ~인 것 같다

Seem을 '보이다'로 많이 해석하는데 시각 정보에 대해서만 쓰는 건 아닙니다. 뭔가 '인상을 받다'라는 느낌과 더 가까워요. 그래서 보이는 것, 들리는 것, 느끼는 것에 모두 사용할 수 있어요.

| 응용표현 |

* **That seems like a good idea.**
  좋은 생각 같은데.

* **It doesn't seem like a big problem.**
  큰 문제 같지 않은데.

* **He seems to know the way.**
  걔가 길을 아는 것 같던데.

I can't do this any longer.

나 이거 더 이상 못 하겠어.

*any longer 더 이상

Longer는 '더 긴'이라는 뜻이지만 무조건 길이랑 관계있는 표현은 아닙니다.
부정적인 상황에서 '더 이상 못 하다'라는 의미로도 사용할 수 있거든요.

| 응용표현 |

---

* **We can't be friends any longer.**
  너랑 더 이상 친구 못 하겠다.

* **I can't afford to keep doing this any longer.**
  이거 더 이상 못 해먹겠어.

* **I can't keep doing this diet any longer.**
  더 이상 다이어트 못 하겠어.

She's always been pretty.

걔 원래 예뻤잖아.

Originally를 '원래'라는 뜻으로 쓰는 분들이 많은데, 이 말은 뿌리, 근원, 처음 같은 느낌이 강해서 '처음엔 ~했는데 지금은 글쎄…'라는 느낌이에요. '원래 그래'라는 표현을 사람에게 쓸 때는 현재완료, 사물에 대해 쓸 때는 be supposed to를 써보세요.

| 응용표현 |

* **Has he always been like that?**
  걔 원래 그래?

* **She's always been kind of shy.**
  걔 원래 좀 소심하잖아.
  * She's =She has

* **Are the pockets supposed to stick out like that?**
  그 주머니 원래 그렇게 나와 있는 거야?

| 추수감사절(11월 넷째 목요일) |

My entire family got together for Thanksgiving.

추석 때 우리 가족 모두 모였어.

* Thanksgiving 추수감사절, 추석

추수감사절은 미국의 가장 큰 명절 중 하나예요. 그래서 한국처럼 가족들을 만나기 위해서 먼 거리를 여행하는 사람들이 많아요. 이날은 칠면조 요리나 파이 같은 걸 먹으면서 서로 감사하는 일에 대해서 대화를 나누죠. 명절 음식을 너무 많이 먹는 바람에 다음 날부터 바로 다이어트를 시작하는 사람도 많답니다. 한국의 추석과 참 비슷하죠?

| 응용표현 |

* My family always has a feast on Thanksgiving Day.
  우리 가족은 추수감사절에 항상 큰 잔치를 벌여요.

* We traveled across the country to celebrate Thanksgiving at my grandmother's house.
  할머니 댁에서 추석을 보내려고 국토를 횡단했어.

FEBRUARY

6

Don't play dumb.
모르는 척하지 마.

'모르는 척하지 마'를 영어로 어떻게 말하세요? 영어 잘하는 분들은 아마 pretend(~하는 척하다)를 쓸 거 같아요. 틀린 표현은 아니지만 미국인들이 평소 더 자주 사용하는 건 play dumb입니다. '바보처럼 놀지 마'라는 뜻으로 오해하지 마세요!

| 응용표현 |

★ **He always plays dumb when he gets in trouble.**
걔는 사고 칠 때마다 모르는 척하더라.

★ **I don't like it when you play dumb.**
너 모르는 척하는 거 맘에 안 들어.

NOVEMBER

Oliver's Daily Calendar

This is
for your own good.

이건 너 스스로를 위한 거야.

* for one's own good 스스로를 위해

나 스스로 또는 너 스스로를 위한다고 말할 때 for one's own good이라고 해요. 특히 하기 싫거나 부정적인 일처럼 보이지만 결국에는 나 또는 너 자신에게 좋은 일일 때 자주 씁니다.

| 응용표현 |

* **My boss said he was letting me go for my own good.**
  사장님이 나를 해고하면서 나를 위한 거라고 하더라고.

* **I know you don't like this, but it's for your own good.**
  넌 하기 싫겠지만 너를 위한 일이야.

* **I broke up with my girlfriend for my own good.**
  나 자신을 위해서 여자 친구랑 헤어졌어.

It doesn't seem off.

이상해 보이지 않아.

* off 이상한

Off를 부사나 전치사로 많이 기억하시겠지만, 여기서 off는 '이상한'이라는 뜻의 형용사예요. 보통 어떤 사람의 행동이나 목소리(발음), 어떤 냄새가 정상적이지 않을 때 사용할 수 있어요.

| 응용표현 |

* Something tasted **off** about the juice.
  주스 맛이 뭔가 이상했어.

* She seemed **off** today.
  걔가 오늘 좀 이상했어.

* Didn't something seem **off** about that announcer's accent?
  저 아나운서 말씨가 좀 이상하지 않았어?

Make yourself at home.
편하게 있어.

남에게 긴장 풀고 편하게 있으라고 말할 때 Make yourself at home이라고 하면 딱 좋아요. 여기에서 make는 고정된 표현으로 '만들다'라는 의미와는 아무 상관이 없어요. 집에 놀러 온 친구들에게 꼭 써보세요.

| 응용표현 |

★ **Make yourself at home. I'll make some coffee.**
   편하게 있어. 내가 커피 만들어 줄게.

★ **I'll take your jacket. Make yourself at home.**
   재킷 이리 줘. 편하게 있어.

★ **I see you've made yourself at home.**
   보니까 되게 편하게 지내고 있네.

He's a control freak.
걔는 항상 자기 마음대로 하려고 해.

* control freak   만사를 자기 뜻대로 하려는 사람

혹시 여러분 주위에 다른 사람이나 상황을 항상 통제하려고 하는 사람이 있
나요? 이런 사람을 바로 control freak라고 해요. Control freak는 TV 채널
도 에어컨 온도도 항상 자기가 원하는 대로 조종해야 하고 식사 메뉴도 무조
건 자기가 정해줘요.

| 응용표현 |

* **My sister always tries to be in charge.**
  She's a control freak.
  내 여동생은 항상 상황을 통제하려고 해. 자기 마음대로야.

* **Let me pick what I want to wear.**
  Don't be such a control freak.
  내가 입고 싶은 옷 입을래. 그렇게 네 마음대로 하지 마.

* **Stop being a control freak and just relax.**
  그만 신경 쓰고 편히 있어.

Many of us take clean water for granted.

대부분의 사람들은 깨끗한 물이 고마운 줄도 모르죠.

* take for granted ~을 당연시하다

깨끗한 물을 매일 마실 수 있다는 사실이 얼마나 감사한 일인지 가끔 잊게 되는 것 같아요. 이렇게 어떤 상황 혹은 사람의 가치를 못 느낄 때 take for granted 표현을 쓰면 딱 좋아요. 고마운 줄 모르는 거죠!

| 응용표현 |

* Clean air and water are things most people take for granted.
  대부분의 사람들은 깨끗한 공기와 물의 가치를 모르는 것 같아.

* Don't take your parents for granted.
  부모님의 가치를 가볍게 생각하지 마.

* I took my best friend for granted.
  난 가장 친한 친구를 가볍게 생각했어.

I was deeply moved by that movie.

그 영화를 보고 큰 감동을 받았어.

* deeply moved 깊이 감동받다

큰 감동을 받으면 마음이 움직이잖아요? 그래서 영어로 move라는 단어를 사용해요. 보통 어떤 시, 연설 혹은 훌륭한 행동을 보고 감동할 때 이 표현을 사용할 수 있어요.

| 응용표현 |

* **I was deeply moved the first time I heard my baby's heartbeat.**
  우리 아기의 심장 소리 처음 들었을 때 큰 감동을 받았어.

* **I've never felt so moved by a speech like that.**
  그런 연설에 그렇게 큰 감동을 받은 건 처음이야.

  * deeply 대신 so로도 강조할 수 있어요.

I can't keep up with her.
걔 따라잡기 너무 힘들어.

* keep up with 따라잡다

어떤 사람의 실력이 너무 뛰어나서 따라잡기 어려울 때 keep up with라는 표현을 써요. 특히 상대방의 속도가 아주 빠를 때 이 표현을 사용합니다.

| 응용표현 |

* **You'll never keep up with me.**
  넌 절대로 나를 따라잡지 못할걸.

* **She ran so fast I couldn't keep up with her.**
  걔가 엄청 빨리 뛰어서 따라잡지 못했어.

* **I have trouble keeping up with my math teacher.**
  수학 선생님 수업을 못 따라가겠어.

There's something going on between them.

걔네 썸 타는 것 같더라.

* there's something going on between 썸 타다

두 사람 사이에 뭔가 있을 때, 왠지 곧 연애를 시작할 것 같을 때 there's something going on between이라는 표현을 써요. 공식적으로 서로 좋아한다고 얘기하지 않아도 다들 알 수 있어서 그냥 something 즉 '뭔가' 있다고 하는 거예요. 한국말로 '서로 썸 타는 것 같다'와 비슷한 것 같아요.

| 응용표현 |

* **Is there something going on between** you and your coworker?

  너 그 동료랑 썸 타고 있어?

* We're not dating, but **there's** definitely **something going on between** us.

  아직 사귀는 건 아니지만 확실히 썸은 타고 있어요.

He said that he agreed.
그 사람이 동의한다고 말했어요.

꽤 많은 분들이 said [세이드]라고 발음하더라고요. 아마 i 때문에 그러는 것 같아요. 그런데 제대로 발음하려면 [세드]라고 해야 합니다. 그럼 '슬프다'를 뜻하는 sad 발음과 똑같나 궁금할 수 있는데요, 살짝 다릅니다. sad [새드]는 입술을 양쪽으로 당겨서 말하고, said [세드]는 입을 크게 열지 않아요.

said [세드]

| 응용표현 |

* **She said that she liked it.**
  그분이 그거 마음에 든다고 말씀하셨어요.

* **I said that I was sick today.**
  오늘 제가 아프다고 말씀드렸어요.

They are flying off the shelves.

날개 돋친 듯이 팔려요.

어떤 제품이 엄청 잘 팔리면 가게 선반에 오래 머물러 있지 못하잖아요. 이런 상황을 fly off the shelves라고 해요. 말 그대로 날개 돋친 듯이 팔려 나가는 거죠.

| 응용표현 |

* **BTS posters are flying off the shelves today.**
  오늘 BTS의 포스터가 날개 돋친 듯이 팔려요.

* **Surgical masks are flying off the shelves because of that virus.**
  그 전염병 때문에 마스크가 날개 돋친 듯이 팔려요.

* **They're flying off the shelves even though they're expensive.**
  비싼데도 불구하고 날개 돋친 듯이 팔리고 있어.

I've never been
big on sports.

나는 스포츠에 별로 관심 없어.

*be big on ~에 관심이 많다

Be big on이라는 표현을 한국말로 직역하면 아주 어색하게 들리지만 영어에서는 이 표현을 자주 써요. 어떤 것에 관심이 아주 많아서 열광할 때 사용할 수 있어요. 하지만 반대말로 be small on이라고 할 수는 없어요.

| 응용표현 |

* **My dad's big on monster trucks.**
  우리 아빠는 몬스터 트럭을 아주 좋아하셔.

* **I've never been big on going out to eat.**
  나는 외식하는 걸 그렇게 좋아하지 않아.

* **I didn't know you were big on pets.**
  네가 반려동물에 관심이 많은 줄 몰랐어.

We used to be best friends.

우리 한때 절친이었잖아.

* used to 한때는 …이었다

절친을 영어로 [베스트 프렌드]라고 하죠? 그런데 원어민들은 평소에 더 쉽게 말하기 위해서 best의 t를 생략하고 [베스 프렌드]라고 발음한답니다. 하지만 best를 강조하고 싶을 때는 [베스트]라고 하기도 해요.

best ▶ bes [베스]

| 응용표현 |

* **She's my best friend.**
  걔 내 절친이야.

* **I went to Paris with my best friend.**
  난 내 절친이랑 파리 갔었어.

* **Do you have a best friend?**
  너 절친 있어?

I got stood up.

나 바람맞았어.

* get/be stood up 바람맞다

데이트 약속을 잡았는데 상대방이 나타나지도 않고 연락도 없으면 '나 바람 맞았어'라고 하죠? 영어로는 I got stood up이라고 해요. 기다리느라 계속 서 있었으니까요.

| 응용표현 |

---

* **Have you ever been stood up before?**
  너 바람맞은 적 있어?

* **My date stood me up.**
  썸녀가 나 바람맞혔어.

* **Getting stood up is a horrible experience.**
  바람맞으면 진짜 최악이지.

You gotta see this!

이건 꼭 봐야 돼!

*have to가 got to로 변형

요즘 '이건 꼭 봐야 돼!' '이건 꼭 사야 돼!' 같은 표현 많이 쓰시죠? 친구한테 재밌는 거 보여주거나 들려주고 싶을 때, 어떤 물건을 꼭 갖고 싶을 때 사용해보세요.

| 응용표현 |

* **You gotta hear this.**

  이건 꼭 들어야 돼!

  * got to = gotta

* **I gotta show you somethin.**

  보여줄 게 있어.

  * something이 somethin으로 변형

Who would have thought?

누가 상상이나 했겠어?

기대하지 못한 상황에 대해서 반응할 때 한국말로 '어떻게 그게 가능하지?' '그럴 수가 있나?'라고 하잖아요. 영어로도 다양한 표현이 있는데 그중 Who would have thought?는 '아무도 그런 결과를 기대하지 못했을걸' '누가 상상이나 했겠어?' 같은 느낌이에요. 문장 앞이나 끝에서 쓸 수 있어요.

| 응용표현 |

---

* **He became an actor? Who would have thought?**
  걔가 배우가 됐다고? 누가 상상이나 했겠어?

* **She robbed a bank? Who would have thought?**
  걔가 은행을 털었다고? 누가 상상이나 했겠어?

* **Who would have thought he'd ever become a CEO?**
  걔가 CEO가 되리라고 누가 상상이나 했겠어?

Will you be my Valentine?

내 밸런타인데이 짝꿍이 되어줄래?

이 표현은 애인뿐만 아니라 썸을 타는 사이나 특별한 사람에게 모두 쓸 수 있어요. 한국과 달리 미국에서는 밸런타인데이를 커플은 물론이고 친구나 가족과도 의미 있게 보내거든요. 그래서 친구나 가족끼리도 사탕을 선물하고, 재미있는 카드를 교환해요.

| 응용표현 |

* I don't have a Valentine this year.

  나 올해는 밸런타인데이 짝꿍이 없어.

* I made a Valentine's Day card for my mom.

  엄마를 위해 밸런타인데이 카드 만들었어.

I take that back.
내가 한 말 취소할래.

* take back (말을) 취소하다

어떤 말을 했는데 나중에 후회될 때 '그 말 취소할래'라고 하죠? 영어로 I take that back이라고 하면 같은 뜻입니다. '되돌릴게'라는 의미로 이해하시면 될 것 같아요.

| 응용표현 |

* **I take back what I said to you earlier.**
  전에 내가 너한테 한 말 취소하고 싶어.

* **I take back what I said. I was wrong.**
  내가 한 말 취소할래. 내가 틀렸어.

* **I said she was a nice person, but I take it back.**
  전에 그 사람이 착하다고 했지만 그 말 취소할래.

You're not allowed to make out at school.

학교에서 키스하면 안 되지.

* make out 키스하다

뽀뽀를 의미하는 영어 표현이 아주 많은데 그중에 '딥키스'를 make out이라고 해요. 약간 성인용 키스 느낌이고 특히 오랫동안 키스를 할 때 쓰는 표현이에요.

| 응용표현 |

* **I saw you making out with that girl last night.**
  어젯밤에 네가 그 여자랑 키스하는 걸 봤어.

* **The teacher caught the students making out in the hallway.**
  선생님이 복도에서 키스하는 학생들을 잡았어.

* **Have you ever made out with your girlfriend before?**
  너 여자 친구랑 키스한 적 있니?

My puppy is a handful.
우리 강아지는 손이 많이 가.

* handful 다루기 힘든 / 손이 많이 가는 사람(동물)

사람이든 반려동물이든 하나부터 열까지 다 챙겨야 하는 경우 한국말로 '손이 많이 가다'라고 하잖아요? 영어로는 그냥 handful이라고 하면 됩니다. 특히 부모님들이 자식에 대해서 이 표현을 자주 쓰는데, 손이 많이 가니까 스트레스를 받겠죠? 그래서 살짝 부정적인 의미가 들어 있어요.

| 응용표현 |

* My brother was a handful when he was a kid.
  내 동생은 어릴 때 손 많이 갔어.

* My three dogs are a handful.
  우리 개 세 마리는 손이 많이 가.

Let's clear a few things up.

우리 오해 좀 풀자.

• clear up (오해를) 풀다

친구와 오해가 생기면 실제 상황이 잘 안 보이잖아요. 그래서 잘못하면 관계가 크게 어긋날 수도 있어요. 그런 일이 없도록 친구와 함께 상황을 투명하게 정리해봐야겠죠? 이럴 때 clear up이라는 표현을 써보세요.

| 응용표현 |

* **I hope we can clear up a few things.**
  우리가 오해를 풀 수 있으면 좋겠다.

* **There's a misunderstanding I'd like to clear up with you.**
  너랑 풀고 싶은 오해가 있어.

Knock it off!

그만해!

'그만해'라는 의미의 영어 표현이 많은데, 그중 Knock it off를 아주 자주 써요. 그 뒤에 with the (동사)ing를 붙이면 뭘 그만두라는 건지 더 자세하게 표현할 수 있어요.

| 응용표현 |

* **Knock it off with the shouting!**
  소리 좀 그만 질러!

* **Knock it off with the giggling.**
  그만 좀 웃어!

* **Would you please knock it off with the bad jokes?**
  재미없는 농담 좀 그만할래?

You're so adorable.

너 정말 사랑스럽구나!

*adorable 귀엽다, 사랑스럽다

'귀엽다'라고 말할 때 cute만 사용하시나요? 그렇다면 이제 adorable도 기억해두세요. 어떤 사람들은 좀 더 귀엽게 adorable을 줄여서 adorbs라고도 해요. 그런데 adorbs는 속어라서 상황에 따라 가려서 써야 해요.

| 응용표현 |

* **Your puppy is so adorable!**
  네 강아지 진짜 사랑스럽다.

* **Your kid is adorbs.**
  아기 진짜 귀엽네요.

NOVEMBER

13

Speak your mind.

그냥 탁 터놓고 말해 봐.

상대방이 어떻게 반응할지 몰라서 말하기 망설여질 때가 있죠? 친구가 이런 기색을 보이면 Speak your mind라고 해보세요. '네 생각대로 편하게 말해 봐'라는 뜻입니다. 때로는 솔직하게 말하는 게 관계를 잘 유지하는 비결이 되기도 하니까요!

| 응용표현 |

* **Speak your mind** and tell me what you really want.
  네가 진짜 원하는 걸 그냥 터놓고 말해버려.

* I can never **speak my mind** around my parents.
  부모님이랑 같이 있으면 탁 털어놓고 얘기하지 못하겠어.

* Don't be afraid to **speak your mind** to me.
  나한테 탁 터놓고 말해도 돼.

What do you feed your fish?

물고기한테 뭐 먹여?

• feed 먹이를 주다

Feed는 주로 반려동물한테 먹이를 줄 때 씁니다. 그런데 아기도 스스로 먹을 수 없으니까 아기한테도 feed를 사용할 수 있어요.

| 응용표현 |

* **It's time to feed the dogs.**
  개들한테 사료 줄 시간이야.

* **How often should I feed my new fish?**
  새로 입양한 물고기한테 먹이 얼마나 자주 줘야 돼?

* **Don't feed your dog before his surgery.**
  수술 전에 개에게 사료 주지 마세요.

How long can a tree go without water?
나무는 물 없이 얼마나 살 수 있어?

* go without ~없이 지내다/견디다

원래는 있었던 게 갑자기 없어져서 그것 없이 지내야 할 때 go without이라는 표현을 써요. Go가 들어 있지만 어디를 간다는 의미는 전혀 아니에요.

| 응용표현 |

* **You'll have to go without food for a while.**
  당분간 음식 없이 지내야 할 거야.

* **How long can you go without a cigarette?**
  담배 없이 얼마나 참을 수 있어?

* **You can't go without water for more than two days.**
  물 없이는 이틀 이상 살 수 없어.

You get along so well with your sister.

동생이랑 아주 사이좋게 지내네.

* get along 사이좋게 지내다

Get along에는 여러 뜻이 들어 있어요. '사이좋게 지내다'라는 뜻과 함께 힘들지만 해낼 수 있다, 즉 '상황을 감당하다'라는 뜻으로도 쓰이고, '어디로 가다' '출발하다'라는 뜻도 가지고 있어요.

| 응용표현 |

* **They never get along.**
  걔네는 사이좋았던 적이 없어.

* **I'll get along without you.**
  난 너 없이도 괜찮을 거야.

* **I'd better be getting along now.**
  지금 가야겠어.

I missed out on
a fun party last night.
나 어젯밤에 재미있는 파티를 놓쳤어.

* miss out on 놓치다

어떤 재미있는 파티에 못 가게 되면 그 기회를 '놓쳤다'라고 하죠. 특히 할인 이벤트에서 '놓치지 마세요!'라는 표현을 많이 쓰는 것 같아요. '놓치다'를 영어로는 miss out on이라고 합니다.

| 응용표현 |

* **You really missed out on a good time last night.**
  너 어젯밤에 진짜 재미있는 시간을 놓쳤다니까.

* **Don't miss out on this amazing opportunity!**
  아주 좋은 이번 기회를 놓치지 마세요!

* **Did I miss out on anything fun?**
  내가 재미있는 걸 놓친 건가?

Do these books belong to you?

이 책들 혹시 네 거야?

어떤 물건의 주인에 대해서 말할 때 영어로 belong이라는 동사를 쓸 수 있어요. 가끔은 물건이 아니라 연인끼리도 belong to (주인) 같은 표현을 사용할 수 있답니다.

| 응용표현 |

* **Does this belong to you?**
  혹시 이거 네 거야?

* **That belongs to me.**
  그건 내 거야.

* **I belong to you, baby.**
  여보, 난 당신 거야.

I'm somewhat finished with my homework.

나 숙제 어느 정도 끝냈어.

* somewhat 어느 정도

Somewhat은 아직 완벽한 건 아니고 90퍼센트에 가까울 때 쓸 수 있는 표현이에요. 한국말로 '어느 정도'와 가장 비슷한 말 같아요.

| 응용표현 |

* **I'm somewhat ready to go.**
   나갈 준비 어느 정도 된 것 같아.

* **My health has somewhat improved.**
   나 어느 정도 건강해진 것 같아.

* **They're in somewhat of a relationship.**
   걔네들 거의 사귀는 것 같더라.

They put him down as mixed I think.
혼혈 개라고 작성한 것 같아요.

* put down 작성하다

병원이나 관공서에 가서 볼일을 볼 때면 그 일에 필요한 서류를 작성해달라고 하잖아요? 흔히 write down이라는 표현을 사용하실 텐데 같은 의미로 put down도 자주 사용해요.

| 응용표현 |

★ **Did you put down your date of birth?**

생일 작성했어?

★ **What do I put down for your occupation?**

네 직업 뭐라고 작성해?

I probably failed.

나 아마 떨어진 것 같아.

Probably를 발음할 때 세 음절로 끊어서 [프라/버/블리]라고 하시죠? 미국인들은 prolly [프랄리]로 짧게 줄여 말해요. 여러분이 '무엇을 먹고 싶어?'를 '뭘 먹고 싶어?'로 줄이는 것처럼요. 영화 볼 때 자막은 쉬운데 알아듣기는 어렵죠? 여러분이 실력이 없어서가 아니라 미국인이 표준 발음을 사용하지 않아서 그래요.

★ **I probably can't go.**
난 못 갈 것 같아.

▶ **1단계:** I probly can't go. [프라블리]
▶ **2단계:** I prolly can't go. [프랄리]

| 응용표현 |

★ **I'll probably be late.**
난 늦을 것 같아.

★ **It'll probably be OK.**
그래도 괜찮을 것 같아.

He's such a slob.

걔 진짜 지저분한 사람이야.

* slob 지저분한 사람

어떤 사람의 집 혹은 외모가 항상 지저분하다면 slob이라는 단어를 써보세요. 이 단어의 뜻을 '게으름뱅이'로 소개하는 사전도 있는데, 그보다는 '더럽고 지저분한' 쪽에 확실히 더 가까워요. 어떤 학생이 숙제를 전혀 안 한다면 그건 lazy(게으른)라고 하고, 그 학생의 방이 항상 더러우면 lazy slob(게으르고 지저분한 사람)이 딱 좋은 표현이에요.

| 응용표현 |

★ Stop being a slob and clean your room up.
지저분한 사람처럼 굴지 말고 방 좀 치워!

★ My roommate always leaves dirty dishes on the table. He's a slob.
룸메가 항상 더러운 접시를 식탁에 놔둬. 진짜 지저분한 놈이야.

★ You're a slob just like your brother.
너도 형이랑 똑같이 지저분한 사람이네.

My salary is none of your business.

내 연봉에 대해서 신경 꺼.

none of one's business ~가 신경쓸 일이 아닌

오지랖을 많이 부리는 사람한테 None of your business(신경 꺼, 상관 마)라는 표현을 써보세요! 아주 유용합니다. 누가 개인적인 일에 대해서 자꾸 물어보면 이 표현으로 방어할 수 있어요.

| 응용표현 |

* My underwear color is none of your business.
  내 팬티색은 네가 신경 쓸 바 아니잖아.

* What I talked about with my girlfriend is none of your business.
  내가 여자 친구랑 무슨 대화 했는지 네가 알 바 아니잖아.

* Your test score is none of their business.
  네 시험 점수는 걔네들이 알 바 아니잖아.

He started choking up as he gave the news.

그 소식을 전하는 그의 목이 메어왔다.

* choke up 목이 메다

슬픈 얘기를 들으면 숨이 멎으면서 울먹이게 되잖아요. 그런 감정을 영어로는 choke up으로 표현할 수 있어요.

| 응용표현 |

* Talking about his grandmother made him choke up.
  걔가 할머니 얘기를 할 때 목이 메었어.

* I don't want to choke up right now. Change the subject!
  울고 싶지 않아. 다른 이야기 하자.

* Talking about my first dog makes me choke up.
  내가 맨 처음 키운 개 얘기 하면 목이 메어.

Allow me to get the door for you.

문 열어드릴게요.

* allow me to ~하겠습니다

Allow라는 단어 때문에 '허락'과 관련된 표현이라고 생각할 수 있지만 allow me to는 '~하겠습니다'라는 뜻이에요. 물론 I'll get the door for you(문 열어줄게)라고 할 수도 있겠지만 allow me to라는 표현을 쓰면 좀 더 예의 바르게 들린답니다.

| 응용표현 |

* **Allow me to get your coat.**
  코트를 보관해드리겠습니다.

* **Allow me to answer the phone for you.**
  제가 대신 전화를 받겠습니다.

* **Allow me to introduce myself.**
  제 소개를 하겠습니다.

It was bound to happen.
그건 일어날 수밖에 없는 일이었어.

*be bound to ~할 수밖에 없다

어떤 상황을 피할 수 없었다면 '어쩔 수 없었어'라고 하는데, 아마 이 말과 가장 비슷한 영어 표현은 be bound to인 것 같아요. '~할 수밖에 없다'라는 뜻이에요.

| 응용표현 |

* **I was bound to** find you.
  너를 만날 수밖에 없었어.

* **You're bound to** fail with that attitude.
  그런 태도로는 실패할 수밖에 없어.

* **They're bound to** get sick if they don't wear their masks.
  그들은 마스크를 안 쓰면 병에 걸릴 수밖에 없어.

That's cutting edge technology.

그건 최첨단 기술이야.

*cutting edge technology 최첨단 기술

완전히 신기하고 새로운 기술을 보통 cutting edge technology라고 해요.
모서리를 잘라서 더욱 날카롭고 정교해진 느낌을 떠올려보세요!

| 응용표현 |

* **That's some cutting edge technology right there!**
  그게 바로 최첨단 기술이네!

* **That company makes a lot of cutting edge technology products.**
  그 회사는 최첨단 기술 제품을 많이 만들어.

* **It's not exactly cutting edge technology, but it works.**
  최첨단 기술은 아니지만 그래도 작동은 해.

Do you have all of your belongings?

챙길 거 다 챙겼어?

belongings 소지품

카페에서 머무르다가 떠날 때는 소지품을 잘 챙겨야겠죠? 지갑, 핸드폰, 코트 같은 개인적인 물건들을 영어로 belongings라고 해요. Belong이라는 동사와 관련된 표현인데 belong to someone은 누군가가 '소유하다'라는 뜻이에요.

| 응용표현 |

* **Whose belongings are these?**
  이 물건들은 누구 거야?

* **I left my belongings in your car.**
  네 차에 내 물건들 놔두고 왔어.

* **Make sure you don't leave any belongings behind.**
  소지품 챙기는 거 잊지 마세요.

I'm thinking about starting a business.

나 사업 시작할까 생각 중이야.

*be thinking about ~ing ~할까 생각 중이다

앞으로 뭔가 하려고 생각 중이지만 아직 확실하지 않을 때 한국말로 '~할까 생각 중이다'라고 하죠. 영어로는 be thinking about이라는 표현을 쓸 수 있어요. 뒤에 동사를 추가할 때 꼭 ing로 끝내야 해요.

| 응용표현 |

* **We're thinking about moving to the countryside.**
  우리 시골로 이사 갈까 생각 중이야.

* **I'm thinking about going on a diet.**
  나 다이어트 할까 생각 중이야.

* **Are you thinking about buying a new computer?**
  너 컴퓨터 살까 생각 중이야?

I don't want to get in the way.

방해하고 싶지 않아.

* get in the way 방해하다

어떤 것이 길을 막을 때 in the way라는 표현으로 설명할 수 있는데, get in the way라고 하면 '방해하다, 방해되다'라는 뜻이에요.

| 응용표현 |

* I can't see because she keeps getting in the way.
  그 사람이 자꾸 가려서 안 보여.

* Don't get in the way.
  방해하지 마.

* I'll try not to get in the way.
  방해하지 않도록 노력할게.

It never crossed my mind to check my car for my keys.

차에 열쇠가 있는지 확인할 생각을 못 했어.

* cross one's mind 생각해보다

Cross one's mind를 직역하면 '누군가의 마음을 건너다'라는 뜻이 되는데 사실은 '생각해보다'라는 의미예요. 머릿속에 어떤 생각이 문득 떠오르는 상황을 연상해보세요.

| 응용표현 |

---

* It never **crossed my mind** that I'd see you here.
  네가 여기 있을 거라곤 생각지 못했어.

* Did it ever **cross your mind** that she might be lying to you?
  걔가 너한테 거짓말할지 모른다는 생각 해봤어?

* It never **crossed his mind** that he might be wrong.
  걘 자기가 틀릴 수 있다는 걸 생각하지 못했어.

| 발음 |

Quick! Somebody call the police!

빨리요! 경찰 좀 불러주세요!

Police(경찰)를 [폴리스]로 쓰고 발음하시죠? 강세도 '폴'에 주는 것 같아요. 이 발음을 원어민이 들으면 '와, 저 사람 남부에서 영어 배웠나?' 하고 생각할 수 있어요. 남부에서 '포'를 엄청 강조해서 말하거든요. 일반 영어에서는 보통 [puh·lees]라고 발음합니다. 거의 please [pleez]처럼 들리지만 please라고 할 때는 마지막에 z [즈] 발음이 난다는 게 다른 점이에요.

police ▶ puh·lees [퍼ㄹ리스]

| 응용표현 |

* **Uh-oh! The police are here.**
  안 돼! 경찰 왔다.

* **Do you know where the police station is?**
  혹시 경찰서 어딘지 아시나요?

* **A police car is following me.**
  경찰차가 나를 따라오고 있어.

She gave me a cold.
걔 나한테 감기를 옮겼어.

• give someone a cold ~에게 감기를 옮기다

'감기에 걸리다'는 영어로 catch a cold라고 하는데 그럼 다른 사람에게 감기를 옮긴다고 할 때는 뭐라고 할까요? Give someone a cold라고 해요. 마치 주는 것처럼.

| 응용표현 |

* I'd hang out with you, but I don't want to give you a cold.

  너랑 놀고 싶지만 너한테 감기 옮기고 싶지 않아.

* I think my roommate gave you a cold.

  내 룸메가 너한테 감기 옮긴 것 같아.

* I'm wearing a mask so I don't give you a cold.

  너한테 감기 안 옮기려고 마스크 쓰고 있어.

There's a bad flu going around the office.

우리 사무실에 심한 독감이 유행하고 있어.

* go around (바이러스가) 유행하다

'독감 유행'이라고 해서 정말 popular라는 단어를 쓰시는 건 아니겠죠? 어떤 바이러스가 유행처럼 번질 때는 go around라고 해야 돼요. '돌아다니다'라는 뜻인데, 바이러스가 사람들 사이를 돌아다니는 것 같다는 데서 유래했어요.

| 응용표현 |

* **Be careful. That virus is going around these days.**
  조심해. 요새 그 바이러스 유행하고 있잖아.

* **I'm wearing a mask because of that bug going around.**
  바이러스가 유행하고 있어서 마스크 쓰고 다니고 있어.

* **What's the name of that virus going around?**
  그 유행하는 바이러스 이름이 뭐죠?

That'll come back to haunt you.

그거 나중에 너한테 그대로 돌아간다.

<small>＊come back to haunt 나중에 문제가 되다</small>

Come back to haunt you에서 haunt는 '귀신이 나타나다'라는 뜻이에요. 지금 한 행동이 나중에 부메랑처럼 돌아와서 벌을 받게 된다고 말할 때 이 표현을 써요. 나쁜 행동이 귀신이 되어 괴롭히는 걸 떠올려보세요.

| 응용표현 |

★ **It'll come back to haunt you if you do that.**
그러면 나중에 문제가 생길 거야.

★ **All my past mistakes came back to haunt me.**
내가 과거에 한 실수들이 되돌아온 거야.

★ **If you don't apologize, it'll come back to haunt you.**
너 지금 사과 안 하면 나중에 문제가 생길 거야.

3

MARCH

**You're doing
an amazing job!**
녀무 잘하고 있어요!

Winter is right around the corner.

겨울이 코앞이네.

* right around the corner 아주 가까운

Right around the corner라는 표현은 위치가 가까울 때나 가까운 미래에 대해서 얘기할 때도 사용할 수 있어요. 한국말로 '코앞'이라는 말과 아주 비슷한 것 같아요.

| 응용표현 |

* **Graduation is right around the corner.**
  졸업식이 코앞이네.

* **Summer is right around the corner.**
  여름이 코앞이네.

* **My birthday is right around the corner.**
  내 생일이 코앞이네.

People are on edge.
사람들이 날이 서 있다.

* be on edge 날이 서다

엄청 답답하거나 스트레스받거나 분노를 느낄 때 그 감정 수치가 조금만 더 올라가면 폭발할 수 있잖아요. 이렇게 '폭발하기 직전'의 상태를 영어로 be on edge라고 해요. Edge는 '끝'이라는 뜻인데 조금 더 가면 떨어질 수 있으니까 위험한 상황이겠죠?

| 응용표현 |

* **My manager is always on edge.**
  우리 사장님은 항상 날이 서 있어.

* **I'm on edge right now. Don't push me!**
  나 지금 폭발 직전이야. 몰아붙이지 마!

11

NOVEMBER

**Stick to it and
you'll get through it!**
포기하지 않고 버티면 성공할 거예요!

That neutralizes the spiciness.
매운맛을 중화해줄 거야.

* neutralize 중화하다

음식이 너무 매워서 친구가 힘들어하면 매운맛을 중화해줄 음식이나 물을 건네야겠죠? 이때 neutralize라는 단어를 써보세요. 주로 강한 맛이나 냄새를 중화할 때 사용하는데, 상황에 따라서 '무효화하다'라는 뜻으로도 쓰인답니다.

| 응용표현 |

* This product will help **neutralize** bad odors.
  이 제품을 사용하면 안 좋은 냄새를 중화할 수 있어.

* The police officer was able to **neutralize** the threat.
  경찰관이 그 위협을 무력화할 수 있었어요.

| 핼러윈 |

Did you carve that pumpkin?

네가 저 호박 조각했어?

10월 31일은 핼러윈이에요. 보통 2주 전부터 귀신의 집들이 문을 여는데, 입장료는 좀 비싸지만 짜릿한 공포를 경험할 수 있어서 인기예요. 아이들이 직접 조각해 만든 호박등을 집 앞에 걸기도 하고, 집집마다 무시무시하게 장식도 하죠. 가장 신나는 건 31일 밤, 귀신 코스튬을 한 아이들이 사탕을 얻으러 마을을 돌아다닐 때랍니다.

| 응용표현 |

* **Did you go trick or treating?**

  동네에서 사탕 받으러 다녔어?

  * 핼러윈 때 어린이들은 사탕을 얻으러 다니는데, 집주인이 문을 열어주면 어린이들이 'trick or treat'라고 말해요. Trick은 '장난', treat는 사탕이나 초콜릿 같은 '특별한 것, 선물'을 뜻해요. 따라서 이 표현은 '과자 안 주면 장난칠 거야' 놀이로 이해하시면 되겠네요!

* **Did you go to a haunted house?**

  너 귀신의 집에 갔어?

  * haunted house 유령의 집, 흉가

Do you think you could get used to this?

이거에 익숙해질 것 같아?

* get used to ~에 익숙해지다

Be used to라는 표현을 학교에서 중요하게 배웠을 거예요. 이 말은 이미 어떤 상황에 '익숙하다'라는 의미인데, 이 표현과 함께 익혀두면 좋은 말이 있어요. 바로 get used to, '(낯선 상황에) 익숙해지다'라는 뜻이에요.

| 응용표현 |

* **I'll never get used to Friday afternoon traffic jams.**
  금요일 오후의 교통 체증에는 절대 익숙해지지 못할 것 같아.

* **I'm used to all the noise.**
  나는 시끄러운 소리에 익숙해요.
  * be used to ~에 익숙하다

I'm at the very front of the building.

나 건물 맨 앞에 있어.

* very front/back/middle 맨 앞/뒤/가운데

'맨 앞, 맨 뒤'는 영어로 어떻게 말할까요? 말하고 싶은 위치 표현 앞에 very 만 추가하면 된답니다.

| 응용표현 |

* Meet me at the **very back** of the store.
  가게 맨 뒤에서 보자.

* We were at the **very front** of the parade.
  퍼레이드 맨 앞에 있었어.

* I installed a camera at the **very front** of my house.
  우리 집 맨 앞에 CCTV를 설치했어.

I ran into my ex-girlfriend today.

나 오늘 전 여자 친구랑 우연히 마주쳤어.

* run into 우연히 마주치다

Run into는 주로 어떤 사람과 우연히 마주칠 때 사용하는 표현인데, 가끔 산 길을 걷다가 무서운 곰과 마주칠 때도 사용할 수 있어요. 그리고 사물에 run into라는 표현을 쓰면 '충돌하다'라는 뜻이 됩니다.

| 응용표현 |

* **You ran into that guy again?**
  그 남자랑 또 마주친 거야?

* **I always run into her when I'm at that store.**
  그 가게만 가면 그 친구랑 마주친다니까.

* **We keep running into each other like it was meant to be!**
  이렇게 자꾸 우연히 마주치다니 우리 운명인가 봐!

| 발음 |

I would have called you.
너한테 전화했을 거야.

교과서나 책에서 I would have(~했을 거야) 발음을 [우드 헤브]라고 배우지만 무조건 이렇게 발음하는 건 아니에요. 미국인들은 확 줄여서 I'da [아이다]라고 발음하는 경우가 많거든요.

* I would have worn a jacket.
  내가 재킷을 입었을 거야.

  ▶ **1단계**: I would've worn a jacket.
  ▶ **2단계**: I'd've worn a jacket.
  ▶ **3단계**: I'da worn a jacket.

| 응용표현 |

* You **would have** liked that movie.
  네가 그 영화 좋아했을 거야.

* We **would have** frozen to death without these sweaters.
  이 스웨터 없었으면 우리는 얼어 죽었을 거야.

MARCH

5

I can't remember off the top of my head.
지금 딱 기억이 안 나.

* off the top of one's head 당장 떠오르는 대로

대화를 하다 보면 어렴풋하게 기억은 나는데 확실하지 않을 때가 있죠? 당장 떠오르는 대로 이야기할 때 말하려는 문장에 off the top of one's head라는 표현을 넣으면 그런 느낌을 잘 살릴 수 있어요.

| 응용표현 |

* I don't know all of their names off the top of my head.
  당장 떠올리려니까 그 사람들 이름을 잘 모르겠네.

* I just said what I knew off the top of my head.
  지금 막 떠오르는 대로 말한 거야.

* Tell me what happened off the top of your head.
  무슨 일이 있었는지 떠오르는 대로 말해봐.

My Spanish is a little rusty.

내 스페인어가 좀 녹슬었다.

* rusty 녹슨

오랫동안 자전거를 안 타면 녹이 슬죠? 그것처럼 어떤 기술을 오랫동안 사용하지 않으면 그 능력이 떨어집니다. Rusty라는 단어를 그 기술과 함께 사용할 수 있어요.

| 응용표현 |

* My English is starting to get rusty.
  내 영어 실력이 녹슬기 시작했어.

* Your Korean must be rusty after all those years of not using it.
  너 몇 년 동안 한국어를 안 썼으니 녹슬었겠지.

* I need to keep practicing to keep my English from getting rusty.
  영어 실력 녹슬지 않게 하려면 계속 연습해야 해.

I saw your brother got a buzz cut.

네 형 빡빡머리로 잘랐더라.

* buzz cut 아주 짧은 머리

빡빡머리를 skinhead라고 알고 계세요? Skinhead는 원래 패션 스타일을 뜻하는 말이었는데 나쁜 사람들이 이 스타일을 즐겨 하면서 '나치를 좋아하는 사람' '인종차별주의자'라는 의미로 왜곡되었어요. 탈모든 삭발을 했든 빡빡머리는 무조건 bald라고 합니다.

| 응용표현 |

* **Do you see that bald guy over there?**
  저기 빡빡머리 한 남자 보여?

* **Some really popular Hollywood actors are bald.**
  엄청 인기 많은 몇몇 할리우드 배우들은 빡빡머리야.

* **My girlfriend got a buzz cut.**
  내 여자 친구가 빡빡머리로 밀었어.

I told them a lie and they ate it up.

걔네들한테 거짓말했는데 다 믿더라고.

* eat it up 의심 없이 믿다

거짓말을 했는데 상대방이 그 말을 100퍼센트 믿을 때 eat it up이라는 표현을 쓸 수 있어요. 여기서 it은 거짓말이에요. 특히 상대방의 귀가 얇으면 거짓말을 맛있게 먹어버리겠죠?

| 응용표현 |

* I tell them what they want to hear and they just eat it up.
  그 사람들이 듣고 싶어 하는 말만 하니까 그대로 믿더라고.

* She told her teacher she loved school and she ate it up.
  걔가 선생님한테 학교 너무 좋다고 했는데 그대로 믿더라고.

* Tell him he's handsome and he'll eat it up.
  걔한테 잘생겼다고 말하면 바로 믿을걸.

What are you doing here?

너 여기서 뭐 해?

반가운 친구를 우연히 만나면 '야, 네가 여기 웬일이야?'라고 하잖아요. 직역하면 Why are you here?이지만, 그러면 '너 원래 여기 있으면 안 되는데'라고 따지는 느낌이에요. 앞으로는 What are you doing here?라고 해보세요. 뭐 하냐고 묻는 게 아니라 반가움을 표현하는 말이에요. 단, 반가운 목소리로 말하지 않으면 따지는 것처럼 들릴 수 있으니 주의하세요.

| 응용표현 |

* **I didn't expect to see you here.**

   여기서 보게 될지 몰랐는데.

* **Hey Beth! I didn't know you'd be here.**

   안녕 베스! 여기 네가 올지 몰랐어.

   * 파티나 모임 등에서 사용

He's always bragging.

걔는 항상 자기를 과시해.

*brag 자랑하다

주위에 자신을 과시하면서 항상 자랑질하는 친구가 있나요? 이런 행동을 표현하고 싶을 땐 brag라는 동사를 사용해보세요.

| 응용표현 |

* **She always brags about her boyfriend.**
  걔는 항상 자기 남자 친구를 자랑해.

* **You can stop bragging now.**
  너 자랑 좀 그만해도 될 것 같아.

* **I don't like to brag about myself.**
  난 나 자신을 과시하기 싫어.

Oliver's Daily Calendar

What do they look like?
그 사람 어떻게 생겼어?

They는 무조건 '그들'이라고 여러 명을 말할 때만 쓰일까요? 사실 they는 성별을 나타내지 않고 3자를 중립적으로 말할 때도 쓸 수 있어요. 보통 어떤 상황에 대해 가정해서 말할 때 쓴답니다.

| 응용표현 |

* A: Someone's on the phone for you.
  누가 너한테 전화했어.
  B: Really? What do they want?
  진짜? 뭘 원한다는데?

* A: Someone broke into my car last night.
  어젯밤에 내 차에 도둑이 들었어.
  B: Really? What did they steal?
  진짜? 뭘 훔쳐 갔는데?

I'm just an average Joe.
난 그냥 평범한 남자야.

* average Joe 평범한 남자

어떤 사람의 평범함을 강조하고 싶을 때 average Joe라고 해요. 왜 Joe라고 하게 됐는지는 알 수 없지만, 이 이름으로 표현이 고정돼 있어요. 아마 '철수'만큼 흔한 이름이라서 그런 것 같아요. 평범한 여성은 plain Jane이라고 한답니다.

| 응용표현 |

* **He seems like an average Joe to me.**
  내가 보기에 걔는 그냥 평범한 남자애 같은데.

* **He looks like an average Joe, but he's much more than that.**
  걔 그냥 평범한 남자 같아 보이는데 실제로는 엄청 대단한 사람이야.

* **She's a plain Jane kind of woman.**
  걔는 그냥 평범한 여자애야.

Oliver's Daily Calendar

MARCH

9

What are you saving up for?

돈을 왜 모으고 있어?

* save up (돈을) 모으다

돈 모으는 걸 영어로 save up이라고 해요. 저축하면 계좌에 잔고가 쌓이니까 잔액이 올라간다는 의미로 up이라고 하는 것 같아요.

| 응용표현 |

* **I saved up 10,000 dollars.**
  나 1만 달러나 모았어.

* **Are you saving up for college?**
  대학교 학비를 위해 돈 모아?

* **I didn't save up enough money.**
  내가 모은 돈은 부족했어.

Why did you have to bring that up?

그 주제 왜 꺼낸 거야?

* bring up (화제를) 꺼내다

대화 중에 어떤 주제를 꺼낸다는 의미로 bring up이라는 표현을 써요. 그 주제가 보이지 않던 바닥에 있다가 위로 올라와 드러나는 것이니까요.

| 응용표현 |

* He's always bringing up politics.
  걔는 항상 정치 얘기를 꺼내.

* Don't bring up that subject at the dinner table.
  밥 먹을 때 그런 얘기 꺼내지 마.

* Please don't bring up the math test in front of my parents.
  제발 우리 부모님 앞에서 수학 시험 얘기 꺼내지 마.

MARCH

10

Would you like to eat inside or outside?

안에서 먹을래, 아니면 밖에서 먹을까?

In 발음 어떻게 하세요? 한글로 표기할 때 '인'이라고 하잖아요. 그래서 말할 때도 '인'이라고 하는 분들이 많은데, 사실 딱 '인'과 '엔' 사이에 있는 소리에 가깝습니다. 그냥 알파벳 n을 생각해보세요. 그 소리와 똑같아요.

inside [n사이드]   interesting [n트레스팅]
information [n퍼메이션]   intro [n트로우]

| 응용표현 |

★ Have you been to In-N-Out Burger?
　엔앤아웃 버거 가보셨어요?

★ I used to live in Korea.
　나 한때 한국에서 살았어.

The food is bland.
그거 맛이 심심해.

* bland 맛이 심심한

미국인 친구가 엄청 열심히 음식을 해줬는데 맛이 좀 심심하면 어떻게 반응해야 할까요? Boring은 사람 혹은 장소나 활동에 대해서 주로 쓰고, 간혹늘 똑같은 음식을 먹어서 지루할 때도 쓸 수 있어요. 음식 맛이 심심할 때는 bland라는 표현을 써보세요.

| 응용표현 |

* **The food is kind of bland.**
  음식 맛이 좀 심심해.

* **You didn't add any ketchup to your hotdog? Isn't that bland?**
  핫도그에 케첩 안 뿌려? 맛이 심심하지 않아?

* **We have to add some green onions unless you want it to be bland.**
  맛이 심심한 게 싫으면 파를 꼭 넣어야 해.

They think
the virus is a hoax.

그 사람들은 바이러스가 거짓말이라고 생각해.

* hoax 가짜 뉴스, 거짓말

어떤 뉴스에 나온 사건이 잘못된 정보일 때 가짜 뉴스라고 하잖아요. 영어로는 fake news라고 하는데, 같은 의미를 가진 hoax도 자주 사용해요.

| 응용표현 |

* **The kidnapping turned out to be a hoax.**
  알고 보니까 납치 사건이 가짜 뉴스였어요.

* **Do you think the moon landing was a hoax?**
  달 착륙이 거짓말이었다고 생각해?

* **It was probably a hoax.**
  아마 거짓말이었을 것 같아.

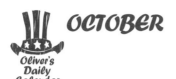

Let's knock this out
before it gets too late.

너무 늦기 전에 그냥 끝내버리자.

* knock out 끝내다

어떤 일이나 작업을 열심히 해서 끝낸다는 뜻으로 knock out이라는 표현을 써요. '해버리다'라는 의미와 아주 가깝습니다.

| 응용표현 |

* **I usually try to knock out my homework before dinner.**
  나 보통 저녁 식사 전에 숙제 끝내려고 해.

* **You'll be able to knock that out in an hour.**
  그거 한 시간 만에 끝낼 수 있을걸.

* **I knocked it out in a day.**
  하루 만에 다 끝내버렸어.

Oh man! I'm sorry.
아이고! 미안하다.

＊oh man 이야, 아이고 (감탄사)

미국인들은 man을 감탄사로도 사용해요. 여러분이 '헐' '이야~!!' '대박!!' 하는 것처럼요. 어떤 사람들은 이 감탄사를 남자한테, 남자들끼리만 사용할 수 있다고 생각하는 것 같은데요, 성별과 관계없이, 여자 혹은 여자아이에게도 쓸 수 있어요.

| 응용표현 |

* **Man! It is hot today!**
  이야! 오늘 진짜 덥다!

* **Oh man! Are you serious?**
  대박! 너 진심이야?

* **Man! What is wrong with her?**
  헐! 걔 왜 그런대?

I have mixed feelings.
기분이 좀 묘하네.

• have mixed feelings 상반되는 감정이 들다

동시에 여러 가지 감정이 들 때 어떻게 표현할 수 있을까요? 이런 묘한 기분을 느낄 때 영어로는 have mixed feelings라고 할 수 있어요. 상대방의 생각에 일부는 동의하지만 한편으로는 공감되지 않을 때도 쓸 수 있어요.

| 응용표현 |

* **I have mixed feelings about our president.**
  우리나라 대통령에 대해 여러 가지 감정이 들어.

* **It sounds like you have mixed feelings about this big decision.**
  이 큰 결정에 대해서 네 기분이 복잡한가 보네.

* **I have mixed feelings about that movie.**
  그 영화에 대한 내 의견은 좀 여러 가진데.

I took my dog to the vet.

우리 개를 동물병원으로 데려갔어.

* vet 동물병원

'동물병원'을 영어로 뭐라고 할까요? 당연히 animal hospital이라고 할 것만 같지만, 실제로 대화할 때는 vet을 더 많이 사용해요. Vet은 '수의사'를 뜻하는 단어인 veterinarian의 준말이에요.

| 응용표현 |

* **You should take your dog to the vet.**
  개를 동물병원으로 데려가는 게 좋을 것 같아.

* **I don't want to take my cat to the vet every month.**
  고양이를 매달 동물병원으로 데려가긴 싫어.

* **When was the last time you took your snake to the vet?**
  네 뱀을 동물병원에 마지막으로 데려간 게 언제야?

It takes guts to be a police officer.

경찰관이 되려면 용기가 있어야지.

*gut 용기, 배짱

Gut에는 '장기'라는 뜻 외에 '용기' '배짱'이라는 의미도 들어 있어요. Courage와 똑같은 말이죠. 그래서 take guts라고 하면 '배짱이 있어야 하다' '용기가 필요하다'라는 의미랍니다.

| 응용표현 |

★ It takes guts to be a soldier.
    군인이 되려면 용기가 있어야지.

★ It takes guts to do a speech in front of so many people.
    많은 사람들 앞에서 연설하려면 용기가 필요해.

★ You went skydiving? That takes guts.
    스카이다이빙 했다고? 용기가 필요했을 텐데.

Will you be my girlfriend?

내 여자 친구가 되어줄래?

'사귀자'를 영어로 어떻게 말하는지 질문을 많이 받았어요. 사전을 찾아보면 date with me라고 나오는데 이렇게 말하면 명령하는 것처럼 들려서 분위기가 안 좋아질 수 있어요. 미국인들은 고백할 때 최대한 부담을 주지 않기 위해 상대방에게 선택의 여지를 줘요.

| 응용표현 |

* **I'd be really happy if I could have the chance to date you.**
  너랑 사귈 기회를 갖는다면 너무 행복할 거야.

* **I think I'd make a great boyfriend.**
  난 좋은 남자 친구가 될 수 있을 것 같아.

* **I think we could make a lovely couple.**
  우리 좋은 연인이 될 수 있을 것 같아.

OCTOBER

19

| 발음 |

I don't know
what to do.

어떻게 할지 모르겠어.

I don't know는 쉬운 문장인데 잘 안 들릴 때가 있어요. d 발음을 생략하고 Iono [아오노]라고 말해서 그래요. 여러분이 '모르겠어요' 대신 '몰랑' 하는 것처럼요. 앞으로는 자막 없이 미드 볼 때도 확실히 잘 들리겠죠?

I don't know ▶ Iono [아오노]

| 응용표현 |

* **I don't know who he is.**
  걔가 누군지 모르겠어.
  * 주의: 쓸 때는 Iono로 쓰면 안 됩니다!

* **I don't know what you're talking about.**
  무슨 말인지 모르겠어.

Don't make a big deal out of it.

너무 큰일이라고 생각하지 마.

어떤 상황을 과장해서 받아들이는 걸 make a big deal out of something이라고 해요. 실수로 감자튀김에 케첩 대신 마요네즈를 뿌렸다고 엄청 기분 상해서 운다면 이런 상황에도 바로 make a big deal out of something을 쓸 수 있습니다

| 응용표현 |

* She made a really big deal out of the way I looked at her.
  그 여자 내가 자기를 보는 눈빛이 어땠다고 엄청 과장되게 반응하더라.

* You don't have to make a big deal out of it.
  그렇게 과장해서 반응할 필요 없어.

* He always makes a big deal out of everything.
  걔 항상 과장해서 반응해.

It turned out
to be a scam.

결국 사기였어.

*turn out 결국 ~임이 드러나다

어떤 상황의 결론을 말할 때 쓰는 표현인데 특히 예상하지 못한 상황에서 자주 씁니다. 뒤집혀 있던 카드의 새로운 면이 드러나는 모습을 상상해보세요!

| 응용표현 |

---

* **She turned out to be a spy.**
  그녀가 결국 스파이라는 게 드러난 거야.

* **It turned out he wasn't supposed to know about what happened.**
  알고 보니까 걔는 이 상황을 알면 안 되는 거였어.

* **How did it turn out?**
  결국 어떻게 된 거야?

(cough) **Liar!** (cough)

(기침) **거짓말쟁이!** (기침)

미국인들은 뭔가 비판하고 싶은데 공개적으로 당당하게 말하기 힘들 때 기침을 하는 속임수를 씁니다. 기침하는 척하면서 속말을 섞어서 하는 거예요. 상대방이 '야! 너 뭐라고 했어?'라고 따지면 '어? 아닌데, 난 그냥 기침한 건데'라고 핑계 댈 수 있으니까요. 문자를 할 때도 같은 방식으로 쓸 수 있어요.

| **응용표현** |

---

* (cough) Bullcrap! (cough)

  (기침) 헛소리야! (기침)

* (cough) Idiot! (cough)

  (기침) 바보! (기침)

* (cough) Be quiet! (cough)

  (기침) 조용히 해! (기침)

  * 카페에서 사람들이 너무 시끄러울 때 쓸 수 있어요.

You'd be surprised how hard it is to learn a new language.

생각보다 외국어 배우기 어려워서 놀랄걸.

* You'd be surprised 놀랄걸

상대방이 잘 모를 것 같은 놀라운 사실을 알려줄 때 써요. 이때 주어는 항상 you입니다. I'd be surprised라고 하지 않아요. You'd be surprised how (사실/상황)로 문장을 만들면 됩니다. 상대방의 말이 좀 틀린 것 같을 때 대답으로도 쓸 수 있어요.

| 응용표현 |

* **You'd be surprised how crazy some people can get.**
  사람이 얼마나 이상해질 수 있는지 알면 놀랄걸.

* **You don't think he can do it? Well, you'd be surprised.**
  걔가 못 할 거라고 생각해? 네가 사람을 잘못 본 것 같네.

Spring is here!

봄이 왔어!

미국은 워낙 커서 지역마다 봄 풍경이 아주 달라요. 하지만 대부분의 미국인
은 공통적으로 봄을 아주 좋아한답니다. 3월에는 Spring Break Vacation이
있어서 여행을 많이 가요. 계절이 바뀔 때는 '(계절)+is here'이라는 표현을
쓸 수 있어요. 한국말로 '봄이 왔어'라고 한다고 come을 쓰지 마세요!

| 응용표현 |

★ **What are you doing this Spring Break?**

이번 봄 휴가 때 뭐 할 거야?

★ **Let's go see the cherry blossoms!**

벚꽃 구경하러 가자!

I can't put up with that horrible music any longer.

그 음악 더 이상 못 들어주겠다.

* put up with 견디다

어떤 사람이나 상황을 너무 견디기 힘들 때 can't put up with라는 표현을 사용할 수 있어요. '못 참아주겠다'라는 느낌이에요. Put up with는 tolerate 와 같은 뜻인데 아주 자주 써요.

| 응용표현 |

* How do you put up with his behavior?
  걔 행동을 넌 어떻게 참는 거야?

* It's annoying, but I can put up with it.
  짜증은 나지만 견딜 만해.

* I can't put up with her screaming.
  걔 소리 지르는 거 못 들어주겠어.

Do you want some 7-Up?

너 사이다 좀 마실래?

영어로 cider라고 말하면 알코올이 들어간 '사과주'라는 뜻이에요. 그래서 술 말고 진짜 한국식 사이다를 마시고 싶을 때는 Sprite, 7-Up 같은 브랜드를 직접 말하는 게 더 정확해요.

| 응용표현 |

* **My favorite drink is Sprite.**
  나 사이다 좋아해.

* **I like to drink Sprite with pizza!**
  피자 먹을 때 사이다랑 같이 먹는 거 좋아해!

Let's say
I'm a millionaire.

내가 엄청난 부자라고 치자.

* let's say ~라고 치자

실제로 일어나지 않은 상황을 가설로 설명할 때 영어로 Let's say라는 표현을 써요. 한국말로 '~라고 치자'라는 말과 똑같아요.

| 응용표현 |

* **Let's say I'm actually a spy. How would you react?**
  실은 내가 스파이라고 치자. 넌 어떻게 반응할 거야?

* **Let's say you get that job. Would you really be happy?**
  네가 거기 취업했다고 치자. 진짜 행복할 것 같아?

* **Let's say I get really sick. Would you take care of me?**
  내가 엄청 아프다고 치자. 그럼 나를 잘 챙겨줄 거야?

I got jumped after school.

학교 끝나고 집단 구타 당했어.

* jump 집단 구타 하다

갑자기 여러 사람이 나타나서 한 사람을 구타하는 것을 영어로 jump라고 해요. 만약에 이런 일을 당했다면 get jumped라는 표현을 사용할 수 있어요.

| 응용표현 |

* **He got jumped in the parking lot.**
  걔 주차장에서 집단 구타 당했어.

* **He got jumped by bullies every day.**
  걔 맨날 집단 구타 당했어.

* **They'll jump you if they see you.**
  걔네들 너 만나면 집단 구타 할 것 같은데.

I got your back.
내가 널 지켜줄게.

* get one's back 지지하다, 지켜주다

친구에게 큰 어려움이 닥쳤을 때 든든하게 곁을 지켜주면 좋겠죠? 이럴 때 영어로 get one's back이라는 표현을 써요. 특히 위협을 받는 상황에서 쓰는데, '뒤에서 지지하다, 지켜줄 것이다, 등 뒤에 있다'라는 의미를 가지고 있어요.

| 응용표현 |

* **Don't worry about those guys. I got your back.**
  그놈들 신경 쓰지 마. 내가 널 지켜줄 거야.

* **My best friend always gets my back.**
  내 절친이 항상 나를 지켜줘.

* **Are you going to get my back if things get scary?**
  상황이 무서워지면 나 지켜줄 거야?

You got it.

알겠어요.

식당에서 주문할 때 햄버거에 있는 재료 다 넣어달라고 했어요. 그런데 직원이 You got it 이라고 하네요. 햄버거 아직 준비 안 됐는데 '받았습니다'라는 뜻이었을까요? 미국에서는 '알겠습니다'라고 할 때 okay 외에 다른 표현이 많아요. 음식을 주문할 때, 직장에서 일할 때 유용하게 쓸 수 있게 다음 표현들을 기억해두세요.

| 응용표현 |

* A: Would you mind taking out the trash for me?
  쓰레기 좀 처리해줄 수 있어?
  B: I'm on it.
  알았어.
  * 부탁받은 일이나 명령을 진행하겠다는 뉘앙스

* A: I'd like a burger with no pickles, please.
  피클 뺀 버거 하나 주세요.
  B: You got it.
  알겠습니다.
  * 부탁받은 일이나 명령을 접수했다는 뉘앙스

He made a killing
when he sold cars.

걔 차 팔면서 돈 꽤 많이 벌었어.

* make a killing 갑자기 큰돈을 벌다

Killing이라는 단어 때문에 많은 분들이 '죽인다'라고 오해할 수 있을 것 같지만 죽음과는 아무 상관 없는 표현입니다. 아주 큰돈을 짧은 시간 안에 벌게 되었을 때 쓰는 표현이에요.

| 응용표현 |

* ★ I made a killing trading stocks this year.
  나 올해 주식으로 돈 엄청 많이 벌었어.

* ★ I bet he made a killing selling those concert tickets.
  그 녀석 공연 티켓 팔아서 돈 엄청 벌었겠다.

* ★ You won't make a killing, but you'll make decent money.
  너는 돈을 엄청 많이 벌지는 못해도 충분하게는 벌 거야.

Oliver's
Daily
Calendar

The guests trashed the hotel room.

손님들이 호텔방을 엄청 더럽게 만들었어.

* trash 엉망으로 만들다

원래 깨끗했던 장소를 엉망으로 만들었을 때 trash를 동사로 사용할 수 있어요. 특히 지나치게 더럽힌 경우에 이 표현을 자주 써요.

| 응용표현 |

* **Why did you trash my car?**
  내 차를 왜 그렇게 더럽힌 거야?

* **Looters broke into the store and trashed it.**
  약탈자들이 가게에 몰래 들어와서 엉망으로 만들었어.

* **The place looks trashed.**
  여기 엄청 더럽네.

OCTOBER

12

Oliver's
Daily
Calendar

My dogs like to play rough.

우리 개들은 거칠게 노는 걸 좋아해.

*play rough 거칠게 놀다

반려동물이나 사람들이 거칠게 노는 걸 표현할 때 rough를 사용할 수 있어요. Play rough 하면 쉽게 다칠 수 있으니까 부모님이나 선생님들이 Don't play rough!라는 말을 자주 하세요.

| 응용표현 |

* **I don't like to play rough with my dog.**
  나는 개랑 거칠게 노는 걸 좋아하지 않아.

* **My cats are always playing rough.**
  우리 고양이들은 항상 거칠게 놀아.

* **Did you play rough when you were a kid?**
  너 꼬마 때 거칠게 놀았어?

That's insane.

완전 미쳤어.

*crazy보다 더 강한 표현

너무 충격적인 뉴스를 보면 어떻게 반응하세요? 한국말로는 '미쳤어'라고 하는 분들이 많을 것 같은데, 영어로도 이런 의미의 '미쳤다'를 아주 다양하게 표현할 수 있어요.

| 응용표현 |

* I can't believe it.
  믿을 수가 없어.

* Seriously?
  그거 진심이야?

* How's that possible?
  어떻게 그게 가능해?

* Is this a joke?
  장난 아니겠지?

* That's ridiculous.
  말도 안 되잖아.

I got kicked out of school.

나 학교에서 퇴학당했어.

* get kicked out ~에서 쫓겨나다, 퇴학당하다

어떤 장소, 단체, 특히 학교에서 억지로 나가야 할 때 get kicked out이라는
표현을 써요. 쫓겨나는 느낌이 살아 있어요.

| 응용표현 |

* **He got kicked out of Harvard.**

    걔 하버드에서 퇴학당했어.

* **I got kicked out of the group.**

    나 그 모임에서 쫓겨났어.

* **Violating the rules will get you kicked out.**

    규칙을 위반하면 쫓겨나게 될 거야.

To put it politely,
I don't like your dress.

점잖게 말하자면,
난 네 드레스가 마음에 안 들어.

* to put it politely 점잖게 말하자면

상대방이 상처받지 않도록 부정적인 의견을 부드럽게 전달해야 할 때가 있잖아요. 그럴 땐 말하려는 문장에 to put it politely를 추가해보세요. 최대한 예의를 차리긴 했지만 이 표현에는 '더 심하게 비판하고 싶지만 참을게'라는 의미가 들어 있어요. 같은 의미로 to put it mildly도 사용할 수 있어요.

| 응용표현 |

★ **Well, to put it politely, this food isn't the best.**
점잖게 말하자면, 이 음식은 최고급이 아니야.

★ **She's not Kim Yuna, to put it politely.**
점잖게 말하자면, 걔는 김연아가 아니야.
* 대단한 피겨 스케이터가 아니라는 의미입니다.

★ **He wasn't a gentleman, to put it mildly.**
점잖게 말하자면, 그 남자는 신사가 아니었어.

I have a runny nose.
나 콧물 나온다.

* runny nose 콧물

콧물은 nose water라고 할까요? 어떤 것이 runny하다고 표현할 땐 보통 거기에 물 같은 액체가 있다는 뜻이에요. 액체가 주르륵 흐르는 모습을 생각하면 왜 runny라고 하는지 연상이 될 것 같네요! 그래서 콧물은 runny nose라고 한답니다!

| 응용표현 |

★ **Spicy food gives me a runny nose.**
난 매운 걸 먹으면 콧물이 나와.

★ **It sounds like you have a runny nose.**
너 콧물이 나오는 것 같은데.

★ **Do you have any medicine for a runny nose?**
혹시 너 콧물 약 있어?

| 발음 |

He's a really humorous actor.

그 사람 진짜 유머 넘치는 배우야.

농담 잘하는 친구에 대해 말할 때 '유머러스하다'라고 하는데요, 원어민들은 앞에 h 발음을 살려서 [휴머러스]라고 해야 알아들을 수 있어요. 큰 차이가 아닌 것 같지만 여러분도 human을 [유먼]이라고 하면 못 알아들을 수 있는 것과 같아요.

humorous [휴머러스]

| 응용표현 |

* My grandfather always makes humorous jokes.
  우리 할아버지는 항상 유머 넘치는 농담을 하셨지.

* Do you think humor is important in a relationship?
  사귀는 데 유머가 중요하다고 생각해?

OCTOBER **9**

Oliver's Daily Calendar

You're going off topic.

너 다른 얘기하고 있어.

* go off topic 주제에서 벗어나다

어떤 이야기를 나누고 있는데 친구가 갑자기 엉뚱한 이야기를 꺼내면 답답해지죠. 이런 경우에 그 친구는 go off topic 한 거라고 할 수 있어요. 주제에서 벗어나는 느낌이 살아 있어요.

| 응용표현 |

* He has bad people skills because he always goes off topic.
  걔 항상 주제에서 벗어나는 말만 하는 거 보면 사회성이 떨어지는 것 같아.

* I don't mean to go off topic, but this is very important.
  주제에서 벗어나려는 건 아니지만 중요한 말이 있어서요.

* Stop going off topic.
  주제에서 벗어나는 말 그만해.

Don't get yourself killed.
너무 위험하게 하지 마.

* get killed 죽다

위험한 행동을 하다가는 자칫하면 사망할 수 있잖아요. 이런 경우에 get killed라는 표현을 사용할 수 있어요. 특히 사람들의 이목을 끌기 위해 아슬 아슬하게 행동하는 사람에게 말할 때 유용해요.

| 응용표현 |

* **You're going to get yourself killed if you keep street racing.**
  자꾸 길거리 경주 하다가는 언젠가 죽을 거야.

* **I almost got myself killed last night.**
  나 어젯밤에 죽을 뻔했거든.

* **Are you trying to get yourself killed?**
  너 죽고 싶어서 그런 짓 하는 거야?

Don't rub it in.

들추지 마.

* rub it in 들추다

Rub는 '문지르다'라는 뜻이에요. 진흙이 묻었을 때 물로 씻어내지 않고 손으로 비벼대면 어떻게 될까요? 깨끗해지기는커녕 더 더러워지겠죠. 뭘 잘못했을 때도 이와 비슷한 것 같아요. 시간이 지나가면 자연히 잊게 될 텐데 친구가 자꾸 그 일을 들추면 괴롭고 힘들어지잖아요. 이런 경우에 rub it in이라는 표현을 사용할 수 있어요.

| 응용표현 |

* **I know I messed up, but please stop rubbing it in.**
  내가 실수한 거 알지만 제발 그만 들춰.

* **Sorry for rubbing it in.**
  자꾸 들춰서 미안.

* **Do you have to rub it in like that?**
  꼭 그렇게 들춰야겠어?

He saw his high school sweetheart at the park.

걔가 고등학교 때 여자 친구를 공원에서 봤어.

* high school sweetheart 고등학교 시절의 이성 친구

고등학교 시절에 사귄 이성 친구를 영어로 high school sweetheart라고 해요. Sweetheart는 애인한테 쓰는 사랑스러운 말이에요.

| 응용표현 |

* What was your high school sweetheart like?
  네 고등학교 때 남자 친구 어땠어?

* He ran into his high school sweetheart at a bar.
  걔가 고등학교 때 여자 친구를 바에서 우연히 보게 됐어.

* Did you have a high school sweetheart?
  고등학교 때 여자 친구 있었어?

I heard that you like going to concerts.

너 공연 보는 거 좋아한다며?

* heard that ~라고 들었다

어떤 사람에 대한 이야기를 누군가에게 들었을 때, 특히 그 정보가 100퍼센트 사실인지 아닌지 모를 때 heard that으로 이야기를 시작할 수 있어요.

| 응용표현 |

* I heard that you like pizza.
  네가 피자 좋아한다고 들었어.

* She heard that you have a crush on her.
  그 여자는 네가 걔를 좋아한다고 들었대.

* I heard that your dad went to the moon.
  너희 아빠 달에 갔다 왔다며.

It's a good fit.
(손에) 착 감겨.

* fit 맞다

옷이 잘 맞는지 말할 때 보통 fit이라는 단어를 쓰잖아요. 그런데 꼭 옷과 관련이 없어도 이 단어를 사용할 수 있어요. 예를 들어 직장이 나에게 맞는지 안 맞는지 표현할 때처럼요. 한국말로 '맞다'라는 표현과 아주 비슷해요.

| 응용표현 |

* **She has trouble finding a good fit when she goes shopping.**
  걔 옷 사러 갈 때 맞는 옷을 찾기 힘들대.

* **It's a perfect fit!**
  착 감겨!

* **My new job isn't a good fit for me.**
  최근에 취업한 곳이 나한테 안 맞는 것 같아.

I've never been a bookworm.

나 절대 책벌레 아냐.

*bookworm 책벌레

책을 엄청 많이 보는 사람을 '책벌레'라고 하죠? 여기서 벌레는 bug이라고
할까요? 아닙니다! 꼬물꼬물 애벌레 같은 느낌으로 worm을 써서 bookworm
이라고 해요. Bookbug이라고 하면 못 알아들어요.

| 응용표현 |

* Were you a bookworm in school?
  너 학교 다닐 때 책벌레였어?

* Her boyfriend is such a bookworm.
  걔 남자 친구 완전 책벌레야.

* Being a bookworm isn't a bad thing.
  책벌레가 나쁜 건 아니지.

Don't drop any crumbs on the floor.

바닥에 부스러기 떨어뜨리지 마.

* crumbs (빵, 케이크의) 부스러기

빵이나 케이크 같은 걸 먹다 보면 실수로 바닥에 부스러기를 떨어뜨리게 돼요. 이런 작은 부스러기들을 영어로 crumbs라고 해요

| 응용표현 |

* My dog likes eating crumbs that fall on the floor.
  우리 개는 바닥에 떨어진 부스러기 먹는 걸 좋아해.

* Make sure you don't drop any crumbs.
  부스러기를 절대 떨어뜨리지 마.

* You have crumbs on your shirt.
  네 셔츠에 부스러기가 묻었어.

I'm going to get something to eat.
나 뭐 먹으러 갈래.

Be going to 줄여서 gonna라고 하는 거 잘 아시죠? 어떤 미국인은 gonna 보다 더 줄여서 on 또는 ma라고 발음하기도 합니다. 비격식 표현이라서 교 과서에서 한 번도 못 봤을 거예요. 표준 발음이 아니라서 이렇게 말할 필요는 없지만 알아두면 다양한 지역 사람과 대화할 때 아주 잘 들릴 거예요.

* **I'm going to go to the Dollar Store.**
  나 할인마트에 갈 거야.
  - ▶ **1단계:** I'm gonna go to the Dollar Store.
  - ▶ **2단계:** I'm on go to the Dollar Store.
  - ▶ **3단계:** I'mma go to the Dollar Store.

| 응용표현 |

* **I'm going to go get a haircut.**
  나 머리 자르러 갈 거야.

* **I'm going to go to bed.**
  나 자러 갈 거야.

Have you
seen a doctor?
혹시 의사에게 진찰받았어?

* see a doctor 의사에게 진찰받다

미국 사람들은 아주 위급한 상황이나 심한 병에 걸렸을 때만 병원을 찾아요.
그래서 I need to go to the hospital(나 병원에 가야 해)이라고 하면 미국인
친구가 깜짝 놀랄 수 있어요. 대신 see a doctor라는 표현을 써보세요.

| 응용표현 |

* **I think I need to see a doctor.**
  나 의사에게 진찰받아야 할 것 같아.

* **Did you see a doctor about your back pain?**
  허리 통증에 대해서 의사에게 진찰받아봤어?

* **I don't think I need to see a doctor. It's not that bad.**
  나 의사에게 진찰받을 필요 없을 것 같아. 별로 심하지 않아.

The french fries are really salty.

감자튀김은 너무 짜.

＊salty 짠

미국 음식은 한국 음식보다 훨씬 짠 경우가 많아요. 아마 미국인들이 음식을 좀 짜게 먹는 것 같아요. 그래서 일반적인 미국 식당에 가보면 소금 통이 무조건 있어요. 그래도 음식이 너무 짜면 식당 직원에게 말해야겠죠? salt(소금) 끝에 y만 붙이면 됩니다.

| 응용표현 |

* **Why is everything at that restaurant so salty?**
  그 식당에 있는 메뉴는 왜 다 짜?

* **I like my food extra salty.**
  나는 음식을 엄청 짜게 먹어.

* **The soup is way too salty.**
  그 수프는 너무 짜.

Things are getting out of hand lately.

최근 상황을 감당하지 못하겠어.

* get out of hand 감당할 수 없게 되다

어떤 상황, 사람 혹은 동물을 감당하지 못하게 되면 get out of hand라는 표현을 사용할 수 있어요. 원래 승마에서 유래한 표현인데 말을 탈 때 고삐를 놓치면 말을 통제하지 못하게 되잖아요. 이제는 모든 상황에서 사용할 수 있는 표현이에요.

| 응용표현 |

* **Don't let the kids get out of hand.**
  학생들이 까불지 않도록 잘 통제해봐.

* **The police are here in case things get out of hand.**
  감당하지 못할 상황을 대비해서 경찰이 여기 와 있어.

* **Things won't get out of hand. Trust me.**
  감당할 수 있어. 날 믿어.

I like that car except for the headlights.

그 차 헤드라이트 빼고 마음에 들어.

* except for ~빼고

어떤 것이 대체로 마음에 들지만 딱 한 부분이 걸릴 때 한국말로 '~빼고'라고 하죠? 이 표현을 영어로는 except for라고 해요.

| 응용표현 |

* **That shirt looks good except for the collar.**
  그 셔츠 칼라 빼고 마음에 들어.

* **You look good today except for your shoes.**
  오늘 스타일 신발 빼고 좋네.

* **I liked that movie a lot except for the ending.**
  그 영화 마지막 장면 빼고는 아주 마음에 들었어.

It was a picture-perfect spring day.

완벽한 봄날이었어.

* picture-perfect (비현실적으로) 완벽한

드라마나 그림 속에 나오는 모습들은 항상 완벽해 보이죠. 너무 완벽해 보여서 비현실적인 것 같을 때 picture-perfect라는 표현을 쓸 수 있어요.

| 응용표현 |

★ **You have a picture-perfect home.**
너희 집 진짜 완벽하다.

★ **His life looks picture-perfect, but he has many issues.**
걔 인생은 완벽해 보이지만 문제가 많아.

★ **She had a picture-perfect face.**
그 여자 얼굴은 정말 완벽했었지.

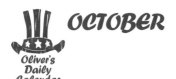

You can count on me.
나 믿어도 돼.

＊count on 믿다, 의지하다

친구들과 학교 프로젝트를 같이 하게 되거나 회사에서 팀워크를 발휘해야 할 때, 서로의 능력에 의지하게 되잖아요. 이런 경우 count on이라는 표현을 쓸 수 있어요. '믿다' 혹은 '의지하다'라는 뜻이에요.

| 응용표현 |

★ You can't count on her.
   걔 믿으면 안 돼.

★ You can count on me to support you.
   내가 도와줄 테니까 믿어도 돼.

★ I was counting on you and you let me down.
   널 믿었는데 실망이야.

4

APRIL

**Consistency is
the key to success!**
꾸준함이 바로 성공의 열쇠래요!

I'm in between jobs right now.
나 일 찾고 있어.

*in between jobs 취업 준비 중인, 직장을 옮기는 중인

그동안 하던 일을 그만두고 새 일을 찾고 있을 때, 현재는 직업이 없다는 걸 가족이나 친구에게 얘기하기 좀 어려울 수 있잖아요. 이럴 때는 원어민들도 I don't have a job이라고 당당하게 말하기보다 I'm in between jobs라고 살짝 돌려서 말해요. '나 지금 새로운 일 시작하려고 준비 중이야'라는 느낌 이 있어서 좀 더 긍정적이거든요.

| 응용표현 |

* **I heard you're in between jobs now.**
  네가 요새 일 찾고 있다고 들었어.

* **I've been in between jobs for a month now.**
  나 구직 활동 시작한 지 한 달 됐어.

* **She's in between jobs.**
  걔 할 일을 찾는 중이야.

I got pranked on April Fools' Day.

만우절 장난에 속았어.

* April Fools' Day 만우절

미국에서도 만우절에 장난을 많이 쳐요. 장난친 걸 고백할 때 April Fools라고 하는데 한국말로 '4월의 바보'라는 뜻이 되겠네요. 그래서 만우절을 April Fools' Day라고 해요. 특히 학교에서 장난을 많이 치는데, 재밌는 건 학생들뿐만 아니라 선생님들도 함께 한다는 거예요!

| 응용표현 |

* Did you do an April Fools' prank?
  만우절 장난 쳤어?
  * prank 장난

* April Fools' Day is the worst day to have a birthday.
  만우절이 생일인 건 최악이야.

10

OCTOBER

Slow progress is better than no progress!

아예 안 가는 것보다
느리더라도 가는 게 좋잖아요!

You scared me!

놀랐잖아!

한국말로는 동사만 써서 그냥 '놀랐잖아!'라고 표현할 수 있지만 영어로 말할 때는 주어와 목적어가 꼭 있어야 해요. 그냥 scared!라고만 하면 어색하게 들리니까 꼭 You scared me!라고 표현하세요!

| 응용표현 |

* **Why do you always sneak up and scare me like that?**

  왜 항상 그렇게 몰래 다가와서 놀라게 해?

  * sneak up 몰래 다가가다

* **Sorry, I didn't mean to scare you.**

  죄송해요, 놀라게 하려던 건 아닌데.

* **You almost scared me to death!**

  엄청 놀랐잖아!

This is all the rage these days.

요새 이거 엄청 유행이야.

＊all the rage 대세, 대유행

사람들이 열광하는 유행에 대해서 말할 때는 all the rage라는 표현이 딱 좋아요. 에너지 넘치는 열정이 마치 분노(rage)할 때의 기운과 비슷해서 그런 것 같아요. 한국말로 일대일로 번역하기는 어렵지만 이런 뉘앙스를 잘 살려서 사용해보세요!

| 응용표현 |

* Long dresses were all the rage last year.

  작년에는 긴 치마가 엄청 유행했어.

* That movie's soundtrack is all the rage with kids these days.

  그 영화 음악이 요새 아이들 사이에 대유행하고 있어.

* Contactless consumerism is all the rage these days.

  요즘은 언택트 소비가 대세지.

  ＊contactless 비접촉식의

  ＊ 재밌게도 '언택트'는 콩글리시예요. 원어민들은 이 단어를 못 알아들어요.

APRIL

3

We can take turns.

번갈아 하면 되지.

* take turns 번갈아 하다

아주 먼 곳을 여행할 때 친구랑 운전을 교대하면 편하죠. 이런 경우에 take turns라고 해요. 여러 번 하니까 복수로 표현합니다. 특히 힘든 상황에서 서로 부담을 나눌 때 쓰면 아주 좋아요. My turn(내 차례네) 혹은 Your turn(네 차례네)이라는 말도 많이 써요.

| 응용표현 |

* **The road trip will be a lot easier if we take turns driving.**
  교대로 운전하면 로드트립이 훨씬 덜 힘들 것 같아.

* **We only have one bike so we'll just have to take turns.**
  우리한테 자전거가 하나밖에 없어서 번갈아 타야 할 것 같다.

* **Let's take turns.**
  우리 번갈아서 하자.

Are you a good tipper?
너 팁 잘 내는 편이야?

*good tipper 팁을 잘 내는 사람

한국과 달리 미국을 포함한 여러 서양 국가에는 팁 문화가 있어요. 음식점에서 팁을 내는 게 기본적인 에티켓이죠. 그래서 팁을 잘 내면 good tipper, 반대로 잘 내지 않으면 bad tipper라는 표현을 써요.

| 응용표현 |

* He gets special treatment because he's a **good tipper.**
  걔는 팁을 잘 내서 직원들이 항상 잘해줘.

* I had a lot of **good tippers** today.
  오늘 팁 잘 내는 손님이 많았어.

* I'm tired of **bad tippers.**
  팁을 잘 안 내는 사람들 때문에 짜증 나네.

APRIL

Oliver's
Daily
Calendar

4

As far as I know,
Jim can't come.
내가 알기론 짐은 못 와.

* as far as I know 내가 알기론

의견을 내고 싶은데 100퍼센트 확실하지 않을 때 한국말로 '내가 알기론'이라는 표현을 쓰잖아요. 영어로는 as far as I know라고 해요. 이 표현을 문장 앞에 쓸 수도 있고 뒤에 쓸 수도 있어요.

| 응용표현 |

* **Our science class is canceled all next week, as far as I know.**
  내가 알기론 다음 주에 우리 과학 수업 다 취소됐어.

* **As far as I know, we're having steak tonight.**
  내가 알기론 우리 오늘 밤에 스테이크 먹을 거야.

* **As far as I know, Jenny isn't interested.**
  내가 알기론 제니는 관심이 없는데.

That song gives me goosebumps.

그 노래 들으면 소름 돋아.

* give goosebumps 소름 돋다

춥거나 무서운 상황이면 소름이 돋잖아요. 이때 피부가 꼭 '닭살'같이 변해서 한국말로는 '닭살 돋다'라고도 하는데, 영어로도 똑같이 chicken skin이라고 하면 미국인들은 못 알아듣습니다. 영어로는 goosebumps라고 하거든요.

| 응용표현 |

* **That scene gave me goosebumps.**
  그 장면 보는데 소름 돋았어.

* **Hearing her voice gave me goosebumps.**
  걔 목소리를 들으니 소름 돋았어.

* **I always get goosebumps when I'm in the basement.**
  나는 지하실에 있으면 항상 소름 돋아.

Let's plant a tree.
우리 나무 심자.

한국에서는 오늘이 식목일이죠? 나무나 꽃 같은 식물을 심으면 세상이 더 건강해지는 것 같아요. '심다'라는 동사를 영어로 뭐라고 할까요? '식물'이라는 뜻을 가진 명사 plant를 그대로 사용한답니다.

| 응용표현 |

* **Let's plant some plants.**
  우리 식물들을 좀 심자.

* **I planted that tree when I was 10.**
  내가 열 살 때 그 나무를 심었어.

* **Did you plant these flowers yourself?**
  이 꽃을 직접 심었어?

Leaving now would be pointless.

지금 출발해봤자 소용없어.

* pointless 무의미한, 쓸데없는

오늘 예약해둔 기차가 사정이 생겨서 내일까지 출발하지 못한다면, 지금 기차역에 갈 필요가 없겠죠? 이렇게 무의미해진 상황을 pointless라는 단어로 표현할 수 있어요.

| 응용표현 |

* Going all the way to the store is pointless since they're closed.

  가게 문이 닫혀 있어서 거기까지 가봐야 소용없어.

* I tried to help you, but it's pointless.

  너를 도와주려고 했지만 소용없는 일이잖아.

* Why do you even care? It's pointless!

  신경을 왜 써? 쓸데없이!

Rumor has it that Carol dumped Justin.

소문에 따르면 캐롤이 저스틴 찼다던데.

* rumor has it that 소문에 따르면

내가 직접 확인한 일이 아니라 어떤 것을 소문으로만 들었을 때 rumor has it that이라는 표현을 사용할 수 있어요. 정확하지 않은 정보를 함부로 말하기가 꺼려진다면 이 표현으로 말문을 열어보세요.

| 응용표현 |

---

* **Rumor has it that they're getting married.**
  소문에 따르면 걔네들 결혼한다던데.

* **Rumor has it that Ford is making a new truck.**
  소문에 따르면 포드에서 새 트럭 모델을 만들고 있대.

* **Rumor has it that he has a horrible singing voice.**
  소문에 따르면 걔가 노래를 너무 못 부른대.

I let my dog go
in the dog park today.

오늘 개 공원에서 얘 풀어줬어.

* let go 풀어주다

산책에서 돌아오면 강아지 목줄은 그만 풀어줘야겠죠? 이때 '풀어주다'라는 말을 영어로 뭐라고 할까요? 교과서에서 배운 release를 쓸 수도 있겠지만 대화체로는 더 편하게 말해볼 수 있어요. 바로 let go입니다.

| 응용표현 |

★ **Should I let my dog go now?**

이제 개 풀어줘야 하나?

★ **My dog won't let go of his toy.**

우리 개가 장난감을 놔주지 않아.

★ **Keep your dog on a leash and don't let him go.**

개한테 목줄 하고 풀어주지 마.

| 발음 |

Have you met my brother?
내 동생 만나본 적 있어?

한글로 brother 발음이 [브라더]로 너무 잘 알려져 있어서 영어로도 이렇게 발음하는 분들이 많아요. 하지만 이런 식으로 발음하면 여성 속옷을 지칭하는 것처럼 들릴 수 있어요. ro 발음은 '아'보다 '어' 소리에 더 가깝습니다. Other를 발음할 때처럼요.

brother [브러더]

| 응용표현 |

* **My brother is wearing a bra!**
  제 형이 브라를 입고 있어요!

* **I have a brother.**
  난 형 한 명 있어.

* **Oh, brother!**
  오, 세상에! (아이코!, 저런!)

My decision didn't sit well with my girlfriend.

내 여자 친구가 나의 결정을 받아들이지 않았어.

* sit well with 받아들여지다

문신을 했는데 애초부터 부모님이 반대한 상황이라면, 부모님은 나의 행동을 받아들이지 못하겠죠? 이럴 때 didn't sit well with my parents(부모님은 ~을 받아들이지 않았다)라고 표현할 수 있어요. 여기서 sit은 '앉다'의 의미가 아니라 '받아들이다'라는 의미로 쓰여요.

| 응용표현 |

* **My teacher's decision didn't sit well with my parents.**
  부모님은 선생님의 결정을 받아들이지 않았어.

* **That won't sit well with the principal.**
  교장 선생님이 그거 받아들이지 않을 거야.

* **Do you think this will sit well with our investors?**
  이렇게 하면 투자자들이 받아들일까?

APRIL

8

Oliver's
Daily
Calendar

It's doable.

할 만해.

*doable 할 수 있는

'하다'라는 의미의 do와 '가능한'이라는 의미의 able이 합해진 단어 doable은 '해낼 만한'이라는 뜻이에요. 보통 어떤 일이 좀 힘들긴 하지만 할 수 있을 때 이 표현을 사용해요.

| 응용표현 |

★ It'll be hard, but I'm sure it's doable.
좀 힘들겠지만 할 수 있다고 확신해.

★ I don't know if it'll be doable.
해낼 수 있을지 모르겠네.

★ Do you think fixing this ring would be doable?
이 반지 고칠 수 있을 것 같아?

That's a mom-and-pop business.

그건 작은 가게야.

* mom-and-pop business 작은 사업, 보통 한 가족이 운영하는 가게

작은 식품 가게나 과일 가게, 옷가게 등 가족이 함께 운영하는 소규모 가게들을 영어로 mom-and-pop shop/store/business라고 해요.

| 응용표현 |

* **Mom-and-pop businesses are getting harder and harder to find.**
  소규모 가게를 찾기가 점점 어려워지고 있어.

* **My parents run a mom-and-pop store.**
  우리 부모님은 작은 가게를 운영해.

* **What happened to that little mom-and-pop store?**
  부부가 운영하는 그 가게는 어떻게 된 거야?

She was talking behind my back.

걔가 내 흉 봤어.

* behind one's back ~몰래(특히 악의적인 행동)

나쁜 행동은 보통 상대방의 눈앞에서 하지 않고 등 뒤에서 하죠? 그래서 영어로 behind one's back이라고 해요. 특히 몰래 사람을 비난할 때 자주 써요. 한국말로 '뒷담화하다, 흉보다'와 비슷한 의미입니다.

| 응용표현 |

* **Were you talking about me behind my back?**
  내 뒷담화하고 있었어?

* **Her brother sold her car behind her back.**
  걔 동생이 걔 모르게 차를 팔아버렸어.

* **You should never talk behind someone's back.**
  뒤에서 욕하면 절대 안 되지.

He's kind of flaky.

걔 항상 말만 하는 스타일이야.

* flaky 말만 하는, 신뢰할 수 없는

말만 하고 약속 안 지키는 친구가 어디에나 있는 것 같아요. 연락한다고 해놓고 안 하거나 아침에 같이 운동하자고 해놓고 안 나오는 사람. 이렇게 약속을 항상 어기는 사람에 대해 말할 때 flaky라고 해요.

| 응용표현 |

* He says he'll call but he never does. He's really flaky.
  걔는 연락한다고 해놓고 항상 안 해. 완전 말뿐이야.

* How do you deal with flaky people?
  넌 말만 하는 사람들을 어떻게 대해?

* She never shows up? She sounds flaky to me.
  걔가 맨날 약속에 안 나타난다고? 신뢰할 수 없는 사람 같네.

It's now or never.
지금 아니면 절대 못 해.

Now or never는 중요한 결정을 급하게 내려야 할 때 사용하는 표현이에요.
노래 가사에서도 흔히 볼 수 있어요.

| 응용표현 |

* It's now or never. Make up your mind!
  지금 아니면 절대 못 해. 빨리 정해!

* It's now or never. Are you going to go with me?
  지금 아니면 절대 못 해. 나랑 갈 거야?

* If you have something to say, say it. It's now or never.
  할 말이 있으면 해. 지금 아니면 절대 못 해.

I'm going to need you to sit tight.

좀 기다려주세요.

* sit tight (참을성 있게) 기다리다

누가 sit tight이라고 하면 '다 될 때까지 좀 기다려주세요'라는 뜻이에요. '딱 붙어 앉으세요'라는 의미가 아닙니다. 그동안 wait만 써왔다면 이 표현도 한 번 사용해보세요!

| 응용표현 |

* **We'll have to sit tight until everything is ready.**
  다 준비될 때까지 기다려야 할 거야.

* **Just sit tight and I'll hurry up and try to get it finished.**
  내가 빨리 끝내볼 테니까 좀 기다려.

* **Just sit tight and don't panic.**
  허둥대지 말고 좀 가만히 기다려봐.

He got away with it.
걔 처벌을 면했어.

* get away with (처벌을) 모면하다

해서는 안 되는 짓을 했는데도 처벌을 안 받을 때는 get away with라는 표현을 써요. 쿠키같이 사소한 걸 훔쳤을 때는 물론 끔찍한 일을 저질렀을 때까지 폭넓게 사용할 수 있어요.

| 응용표현 |

* You'll never get away with it.
  넌 절대 처벌을 피하지 못할 거야.

* He got away with murder.
  그 사람이 살인을 했는데도 처벌을 안 받았어.

* How did she get away with stealing all the cookies?
  걔가 쿠키를 다 훔쳐 갔는데도 어떻게 처벌을 안 받았지?

| 발음 |

Would you like something to drink?

뭐 좀 마실래?

많은 미국인들은 something에서 g를 빼고 somethin [섬띤]이라고 발음해요. 또 어떤 사람은 그보다 더 줄여서 thing 부분을 정확하게 발음하지 않고 n [은] 발음으로 바꿔서 sumn [섬ㄴ]이라고 말해요. 그래서 some만 들린다고 생각할 수 있어요.

something ▶ sumn [섬ㄴ]

| 응용표현 |

* **Something's not right.**
  뭔가 이상한데.
  * 주의: 글 쓸 때는 줄여서 쓰지 마세요!

* **You want something to eat?**
  뭐 좀 먹을래?

* **Let me tell you something.**
  얘기해줄 게 있어.

APRIL

12

Who are you to tell me what to do?

나한테 그런 걸 시킬 권리가 있다고 생각해?

* who are you to 네가 뭔데

상대방이 특별한 권리가 없는데도 명령을 할 때 한국말로는 '네가 뭔데?'라고 하죠. 이런 경우 영어로는 who are you to라고 할 수 있어요. 특히 상황이 불공평할 때 많이 써요.

| 응용표현 |

★ **Who is he to tell you what to wear?**
걔가 너한테 뭘 입을지 말할 자격이 있다고 생각해?

★ **Who are you to talk?**
네가 말할 자격이 있다고 생각해?

★ **Who are you to come in here acting like my boss?**
네가 뭔데 여기 와서 사장님 행세야?

What's that you were saying earlier?

아까 너 뭐라고 했어?

* earlier 아까

친구랑 이야기를 나누던 중 다른 일로 잠깐 대화가 끊긴 적이 있나요? 다시 대화를 이어갈 때 보통 '아까 너 무슨 얘기 하려고 한 거야?'라고 하잖아요. 영어로는 What's that you were saying earlier?라고 하면 됩니다.

| 응용표현 |

* **What's that you were saying earlier about cows?**
  아까 너 소에 대해서 무슨 얘기 한 거야?

* **What's that you were saying earlier about my sister?**
  너 아까 내 동생에 대해서 무슨 얘기 하려고 한 거야?

* **What's that you were saying earlier about aliens?**
  너 아까 외계인에 대해서 무슨 얘기 하려고 한 거야?

Could I get some napkins, please?

냅킨 좀 주실 수 있을까요?

한국에서는 티슈와 냅킨을 크게 구별하지 않고 쓰죠? 그런데 영어로는 용도별로 구별해 사용해요. 보통 티슈는 몸의 민감한 부분에서 나오는 액체, 예를 들어서 눈물, 콧물, 침 같은 걸 닦을 때 쓰거든요. 그래서 음식점에서는 냅킨을 달라고 하는 게 더 적절해요.

| 응용표현 |

★ Can I get some extra napkins to clean this mess up?
더러운 것 좀 치우게 냅킨을 더 주실 수 있나요?

★ Can you pass me a napkin, please?
거기 냅킨 좀 건네줄래요?

★ Would you like me to bring you some napkins?
냅킨 좀 가져다줄까?

Get off your butt and get back to work.

꾸물거리지 말고 일이나 해!

* get off one's butt 꾸물거리지 않다

게으른 사람은 보통 잘 안 움직이고 아무것도 안 하잖아요. 이런 사람에게 영어로 get off your butt이라고 해요. 앉아만 있으면 엉덩이를 계속 어딘가에 붙이고 있는 모양새라서 그렇게 말해요. 특히 부모님이 자식에게 잔소리할 때 이 표현을 아주 자주 써요.

| 응용표현 |

* **Get off your butt and do your homework!**
  게으름 피우지 말고 빨리 숙제해!

* **I need to get off my butt and get to work.**
  꾸물거리지 말고 빨리 출근해야겠다.

* **Would you please get off your butt and help me?**
  제발 꾸물거리지 말고 나 좀 도와줄래?

Say hi to your mom for me

어머니께 인사 전해줘.

* say hi to 인사를 전하다

누군가를 통해서 안부 인사를 전하고 싶을 때가 있잖아요. 이럴 때는 Say hi to (이름) for me라고 하면 됩니다. 친구, 선생님 혹은 가족에게도 쓸 수 있는 유익한 표현입니다. 특히 헤어질 때 상대방에게 이 표현을 쓰면 사회성이 아주 높아 보일 거예요. Hi 대신 hello라고 해도 된답니다.

| 응용표현 |

* **Say hi to your sister for me.**
  네 언니한테 인사 전해줘.

* **Say hello to everyone for me.**
  모든 친구들에게 인사 전해줘.

* **Do you want me to say hi to Mr. Green for you?**
  그린 씨한테 인사 전해줄까?

What airline
did you fly on?

무슨 항공사 탔어?

* fly (비행기를) 타다

여행 계획에 대해서 말할 때 어떤 항공사를 타는지 알아야 하는데, 이 경우에 '타다'를 ride로 쓰는 분들이 있더라고요. 비행기를 탈 때는 fly를 써요.

| 응용표현 |

* **We always fly on Korean Air.**
  우리는 항상 대한항공 타.

* **What airline do you want to fly on?**
  어떤 항공사로 갈까?

* **I don't recommend flying on that airline.**
  그 항공사 타는 건 별로 추천하고 싶지 않아.

Why did you ditch me?

왜 나를 버렸어?

*ditch (사람을) 버리다

'친구를 버리다'를 영어로 말해보라고 하면 아마 많은 분들이 throw away라는 표현을 떠올리겠지만 이런 경우에는 ditch라는 단어를 사용해요. 사물을 버린다고 할 때도 사용할 수 있어요.

| 응용표현 |

* **Did you just ditch your friend?**
  방금 친구를 버린 거야?

* **It's not nice to ditch people like that.**
  사람을 그렇게 버리는 건 안 좋아.

* **Ditch your car and just ride the bus.**
  네 차 없애고 버스 타고 다녀.

It felt like there was no end in sight.

끝이 없는 것처럼 느껴지더라고.

* no end in sight 끝이 없는

In sight는 '시선 안에'라는 뜻입니다. 미국인들은 시야 내에서 '끝이 안 보이는'의 의미로 no end in sight라는 표현을 정말 자주 써요. 마라톤을 이제 막 시작했을 때 사용하면 딱 어울릴 것 같아요. 달려도 달려도 끝이 없으니까요!

| 응용표현 |

* **It's like there's no end in sight.**
  끝이 없는 것 같아.

* **The cost keeps going up with no end in sight.**
  가격이 끝없이 올라가고 있어.

* **The stock market bull run has no end in sight.**
  주식 시장의 상승세가 끝이 안 보여.

Would you water my plants for me?
내 식물들에 물 좀 줄 수 있어?

* water (화초에) 물을 주다

Water를 '물'이라는 뜻을 가진 명사로만 알고 계신가요? 신기하게도 water 는 동사로도 사용할 수 있어요. 식물들에 물 주는 걸 water the plants 라고 해요.

| 응용표현 |

* **Don't forget to water the flowers.**
  꽃들에 물 주는 걸 잊지 마세요.

* **Water the tree once a week.**
  나무에 일주일에 한 번 물을 줘.

* **I forgot to water the plants.**
  식물들에 물 주는 걸 깜빡했어.

My steak tastes burnt.
내 스테이크에서 탄 맛이 나.

*taste burnt 탄 맛이 나다

탄 맛이 날 때는 burnt라는 단어를 사용하면 됩니다. '(불에) 탄'이라는 뜻의 형용사예요. 한국에서는 탄 고기 먹으면 암에 걸릴 수 있다고 안 먹지만, 미국에서는 그냥 먹는 사람이 많아요. 특히 훈제를 하면 겉면이 새까맣게 타는데, 연기 향이 배어 맛있다고 생각하는 것 같아요.

| 응용표현 |

* Does it taste burnt?
  탄 맛 나?

* My french fries taste burnt.
  내 감자튀김에서 탄 맛이 나.

* The customer's pizza tastes burnt.
  그 손님 피자에서 탄 맛이 나.

Wow, seriously?

와, 정말?

상대방이 재미있는 얘기하고 있으면 리액션을 해줘야 하잖아요. 그냥 가만히 있으면 상대방이 '내 말이 재미없나 보군. 얘기 그만해야겠다'라고 생각할 수 있으니까요. 액티브하게 반응하면 대화가 더욱 재미있어지고 그 사람과도 더 친해질 수 있을 거예요.

| 응용표현 |

* **Are you kidding me?**
  참 트루?

* **That's hilarious.**
  대박 웃긴다.

* **That's unbelievable.**
  안 믿겨!

* **That's epic!**
  레전드급!

Did you see the look on his face?

걔 표정 봤어?

* look on one's face ~의 표정

'표정'을 영어로 facial expression이라고 하지만 원어민들은 보통 더 캐주얼하게 look on one's face라고 말해요. 누가 특이한 표정을 지어 보일 때 이렇게 말해보세요!

| 응용표현 |

- ★ **You should have seen the look on her face.**
  걔 표정을 봤어야 해!

- ★ **The look on his face was hilarious.**
  걔 표정 완전 웃겼어.

- ★ **The look on her face gave it away.**
  걔 표정만 봐도 다 알 수 있었어.

No offense, but I don't like you.

상처 주고 싶진 않지만 너를 좋아하지 않아.

* no offense, but… 상처 주고 싶지 않지만…

부정적인 의사를 전달해야 하는데 상대방이 화내거나 상처받을 것 같을 때 no offense, but… 하면서 말을 꺼낼 수 있어요. '상처받지 말고 들어…' 같은 표현이죠.

| 응용표현 |

* **No offense, but you have zero sense of fashion.**
  상처받지 말고 들어, 너 너무 패션 센스가 없어.

* **No offense, but I honestly think you're boring.**
  상처 주고 싶진 않지만, 너 정말 재미없는 사람 같아.

* **No offense, but I don't think we're a good match.**
  상처받지 말고 들어, 우린 잘 어울리지 않는 것 같아.

I think I have
the fall blues.

나 가을 타는 것 같아.

찬바람이 불면 왠지 기분이 가라앉죠? 한국에서는 '가을 타다'라고 하는데, 미국인들은 비슷한 감정을 fall blues(가을 우울증)라고 표현해요. 다행히 아름다운 단풍을 볼 수 있어서 기분전환이 되는 것 같아요. 단풍은 영어로 foliage [폴리에즈] 혹은 fall colors라고 해요.

| 응용표현 |

* **I love the sound of falling leaves.**
   나뭇잎 떨어지는 소리가 정말 좋아요.

* **When is the best time to see fall colors in New York?**
   뉴욕에서 단풍이 제일 예쁠 때는 언제야??

Keep this under wraps
이건 비밀로 하자.

*keep under wraps 숨기다

경마에서 자기 말의 최고 속도를 감추기 위해 손에 말의 고삐를 휘감는 행동을 keep under wraps라고 했대요. 바로 여기서 나온 표현이에요. 요즘에는 꼭 경마가 아니더라도 어떤 계획이나 새로운 제품을 비밀에 부치고 싶을 때 이 표현을 자주 써요.

| 응용표현 |

* **Let's keep this under wraps for now.**
  일단 이건 비밀로 하자.

* **You've been keeping the plan under wraps this whole time?**
  지금까지 그 계획을 계속 숨기고 있었단 말이야?

* **I couldn't keep it under wraps any longer.**
  더 이상 그걸 숨길 수가 없었어.

That hotel is
all booked up.
저 호텔에 방이 없대.

* be booked up 자리가 없다

호텔이나 병원을 예약할 수 없거나 비행기 표가 매진되면 be booked up이라는 표현을 사용할 수 있어요. 표나 방이 남아 있지 않아서 예약이 불가능하다는 뜻이에요. 어떤 사전에서는 '예약하다'로 잘못 알려주고 있는데, 그건 book이라고 합니다.

| 응용표현 |

* **I tried to book a room but they were all booked up.**
  방을 예약하려고 했는데, 자리가 없대.

* **I'm booked up with appointments until October.**
  나 10월까지 환자 예약이 찼어.

* **Someone booked up the entire restaurant.**
  누가 식당을 통째로 예약한 거야.

My leg started cramping up.

내 다리에 쥐가 나기 시작했어.

*cramp up 쥐가 나다

다리에 쥐가 나면 엄청 불편한데 그걸 표현하지 못한다면 더 힘들어지겠죠? 쥐는 영어로 cramp라고 하는데, 쥐가 나기 시작한다고 할 때는 동사로 cramp up이라고 해요.

| 응용표현 |

* I started cramping up because I didn't drink enough water.

   물을 충분히 안 마셔서 쥐가 나기 시작했어.

* My fingers are cramping up.

   내 손가락에 쥐가 나기 시작해.

* My calves are always cramping up.

   나는 종아리에 항상 쥐가 나.

How'd you come up with that?

그거 어떻게 생각해낸 거야?

* come up with 생각해내다

'아이디어가 떠오르다'라는 말을 하고 싶은데 어떤 동사를 쓰면 좋을까요?
생각과 관련된 거니까 think? 떠오르는 느낌을 잘 살려주는 come up with
를 사용해보세요.

| 응용표현 |

* **He came up with a good plan.**
  걔가 멋진 계획을 생각해냈어.

* **I'll come up with a good idea.**
  나 좋은 생각이 떠오를 거 같아.

* **She came up with the idea of going to the store.**
  걔가 그 가게에 갈 생각을 해냈어.

Have you seen his vlog?
It's really good.

그 사람 블로그 봤어? 완전 재밌어.

Vlog를 어떻게 발음하세요? 아마 한국에는 v 발음이 없어서 blog [블로그]
와 구별하려고 [브이로그]라고 부르는 것 같아요. 그런데 미국인한테 [브이
로그]라고 하면 못 알아들을 수 있어요. V와 log를 합쳐서 [블로그]라고 하나
의 단어처럼 발음하거든요.

vlog [블로그]

| 응용표현 |

* Hey, do you want to be in my vlog?

  야, 너 내 블로그에 나오고 싶어?

* I had a bad day. I'm going to vlog about it.

  오늘 일진이 안 좋았어. 이걸로 블로그 찍어야겠다.

  * 동사로도 사용 가능!

* I think that guy over there is a famous vlogger.

  저기 있는 남자 유명한 블로거 같은데.

  * vlogger 블로그 하는 사람

He had to leave his family behind.

그는 가족을 영원히 떠나야 했어.

• leave behind 영원히 떠나다

특히 영화에서 자주 볼 수 있는 장면인데, 슬프게도 주인공이 전쟁이나 큰 사건 때문에 가족을 영원히 떠날 때가 있잖아요. 이렇게 아끼는 사람을 뒤로하고 영원히 떠날 때 leave behind라는 표현을 써요.

| 응용표현 |

* **I'll have to leave you behind. I'm sorry.**
  너를 영원히 떠나야 해. 미안해.

* **The women and children were left behind.**
  여자와 아이가 영원히 남겨지게 됐어.

* **He left me behind to die.**
  그가 나를 죽게 두고 영원히 떠났어.

You look like you could use a break.

너 좀 쉬어야 할 것 같아.

* could use ~하면 좋겠다

어떤 걸 하면 좋을 것 같거나 하고 싶을 때 간접적으로 물어볼 수 있잖아요. 그런 상황은 could use로 표현할 수 있는데, 여기서 use는 '사용하다'보다 '가지다'라는 의미에 더 가까워요. 자신이 원하는 것을 말할 때나 남에게 추천하고 싶은 게 있을 때 사용하면 좋아요.

| 응용표현 |

* **I could use a vacation.**

    나 휴가 내고 싶어.

* **We could use some water.**

    우리 물 마시고 싶어.

* **You look like you could use a shower.**

    너 샤워해야 될 것 같아.

She eats like a horse.

걔는 진짜 잘 먹어.

* eat like a horse 엄청 많이 먹다

말이 먹는 모습을 보면 이 표현을 바로 이해할 수 있어요. 정말 우걱우걱 잘 먹거든요! 평소에 음식을 아주 많이 먹는 사람에 대해 말하고 싶다면 이 표현을 사용해보세요. 딱이랍니다!

| 응용표현 |

* He's skinny even though he eats like a horse.
  걔 엄청 많이 먹는데도 날씬해.

* Quit eating like a horse.
  과식 좀 그만해.

* The medicine made me eat like a horse.
  그 약 때문에 엄청 많이 먹기 시작했어.

Most people butcher
my name.

대부분의 사람들은 내 이름을
제대로 발음하지 못해.

* butcher a name 이름을 제대로 발음하지 못하다

이름이 너무 어려우면 발음이 제대로 안 될 때가 있죠. 이럴 때 쓰는 아주 재미있는 표현이 있는데, 바로 butcher(도살하다)라는 단어예요. 끔찍하게 들리겠지만 동물을 도살한 후에 무슨 동물인지 가끔 모를 수 있는데, 그런 상황에서 나온 표현인가 봐요.

| 응용표현 |

★ **My teacher always butchers my name.**
   우리 선생님은 내 이름을 항상 이상하게 발음하시더라고.

★ **I'll try not to butcher your name.**
   네 이름 발음 제대로 하도록 노력할게.

★ **Sorry if I butchered your name.**
   네 이름 제대로 발음하지 못했다면 미안해.

Let's roll out.

출발하자.

* roll out 출발하다

'출발하다'를 말할 때 주로 어떤 동사를 사용하시나요? 미국인들은 대부분 차를 타고 다녀서 차와 관련된 표현을 자주 쓰는데, 그중 하나가 roll out입니다. 차를 타고 출발하면 바퀴를 돌리게 되니까요. 하지만 꼭 차로 출발하지 않아도 쓸 수 있어요.

| 응용표현 |

* **We should roll out now.**
  우리 지금 출발해야겠다.

* **He rolled out about 5 minutes ago.**
  걔 한 5분 전에 출발했어.

* **I'm going to roll out now.**
  나 이제 출발할게.

Whose side are you on?
너 누구 편이야?

* be on one's side ~의 편을 들다

특히 상대방이 어느 편인지 따질 때 혹은 상대방을 위로해주고 싶을 때 이 표현을 사용해요. 옆에 응원해주는 사람이 서 있는 모습을 상상해보세요!

| 응용표현 |

* **I've been on your side since day one.**
  난 처음부터 네 편이었어.

* **Whose side are you really on?**
  넌 진짜 누구 편인 거야?

* **I'm not on your side.**
  난 네 편 아니야.

SEPTEMBER

8

My dad's going to go through the roof.

우리 아빠가 엄청 화낼 거야.

* go through the roof 화가 폭발하다

너무 화가 나면 어떻게 되죠? 화가 막 머리끝까지 치솟잖아요. 딱 이런 경우를 위한 영어 표현이 바로 go through the roof입니다. 너무 화가 나서 그 화가 지붕을 뚫고 폭발하는 느낌이 살아 있어요.

| 응용표현 |

* I'm about to go through the roof.
  나 폭발할 것 같아.

* She went through the roof because of what I said.
  내 말 때문에 걔 폭발했어.

* He's going to go through the roof when he finds out about this.
  이 사실을 걔가 알게 되면 폭발할걸.

I need to brush up on my Spanish.

스페인어 좀 연습해야 해.

* brush up on 다시 공부하다

어떤 물건을 아주 오랫동안 안 만지면 어떻게 되죠? 보통 먼지가 쌓이죠. 외국어 능력도 비슷해요. 그 능력을 다시 쓰려면 오랫동안 쌓인 먼지를 닦아내야 하죠. Brush up on이란 표현은 바로 그런 의미로 기억하시면 됩니다!

| 응용표현 |

* **What's the best way to brush up on a language I haven't spoken in a while?**
  오랫동안 공부하지 않은 외국어를 어떻게 다시 공부하면 가장 좋을까?

* **Going back to Mexico helped me brush up on my Spanish.**
  멕시코로 돌아갔던 게 스페인어를 다시 공부하는 데 도움이 됐어.

* **I read the news in Korean to brush up on my Korean.**
  한국어를 다시 잘할 수 있도록 한국어로 된 뉴스를 읽어.

| 발음 |

Alright then.
그래, 그럼!

* 헤어질 때 많이 쓰는 표현

많은 미국인이 alright도 줄여서 발음해서 잘 들리지가 않아요. Alright [얼라 잇]에서 l 과 r을 생략해서 aight [아잇]라고 발음하거든요. 이 발음을 알아두 면 영화나 미드 볼 때 확실히 더 잘 들릴 거예요. '오! 나 그거 배웠어!' 이렇 게 반갑겠죠?

alright ▶ aight [아잇]

| 응용표현 |

* **Alright then. I'll call you later.**
   그래, 그럼. 전화할게.

* **Alright then. See you next week.**
   그래, 그럼. 다음 주에 봐.

Oliver's
Daily
Calendar

Do you want to split that last piece with me?
마지막 조각은 나랑 반띵할래?

* split 나누다

음식이든 시간이든 돈이든 공평하게 나눌 때가 있죠. 영어로 이런 상황을 split으로 표현해요. 한국말로 '반띵'이라는 표현이 가장 적절하게 번역한 말인 것 같아요.

| 응용표현 |

* We should split the money.
  돈을 좀 나누자.

* Do you want to split this chocolate bar with me?
  나랑 이 초코바 반띵할래?

* I hated splitting food with my brother.
  나는 형이랑 음식 나눠 먹는 걸 엄청 싫어했어.

I confessed my feelings to her.

나 그녀에게 고백했어.

* confess feelings 고백하다

썸 타는 상대방에게 마음을 고백할 때도 '고백'이라는 뜻을 가진 confess를 쓰는데요, 그 뒤에 꼭 feelings를 추가해야 합니다. 그리고 feeling 뒤에 s를 붙여야 '감정'이라는 의미가 되니까, 잊지 마세요!

| 응용표현 |

* **He confessed his feelings to his crush.**
  걔가 썸녀한테 고백했어.

* **I can't find the courage to confess my feelings to her.**
  걔한테 고백할 용기를 내지 못하겠어.

* **Why don't you just confess your feelings to him?**
  그냥 걔한테 고백하면 되지 않아?

Are you following me?

내 말 이해해?

Do you follow me?라는 말을 '나를 따라다니고 있니?'로 오해하는 분들이 있는 것 같아요. 하지만 여기에는 '이해해?' 혹은 '내 말 듣고 있니?'라는 의미가 담겨 있어요. 수업 시간에 선생님이 이런 질문을 던질 수 있겠죠?

| 응용표현 |

★ **Do you follow what I'm saying?**
  내가 무슨 말 하는지 이해해?

★ **Are y'all following what we're saying?**
  너희 우리가 무슨 말 하는지 이해가 돼?
  * y'all 너희, 여러분

★ **Sorry, I don't follow.**
  죄송하지만, 이해를 못 하겠어요.

I'm sick of your terrible jokes.

네 재미없는 농담 듣기 지겹다.

* sick of 지겨운

똑같은 풍경이나 소리를 계속 보거나 들으면 누구나 지겨울 수밖에 없죠. 이 지겨운 감정을 나타내는 재미있는 표현이 있는데 바로 sick of예요. 너무 지겨워서 토할 것 같다는 느낌이 살아 있어요.

| 응용표현 |

* **I'm sick of hearing that song.**
  그 노래 너무 많이 들어서 지겨워.

* **Don't you get sick of homework?**
  숙제하는 거 지겹지도 않니?

* **I'll never get sick of you.**
  너랑 있는 건 절대 안 지겨울 거야.

Can my brother tag along?

내 동생도 따라가도 돼?

* tag along 따라다니다

'따라가다, 따라다니다'라고 말할 때 follow라는 단어를 아마 가장 먼저 떠올릴 텐데요, 같이 움직이면서 따라다닌다는 의미로는 tag along이 더 어울릴 것 같아요.

| 응용표현 |

* **Feel free to tag along.**
  따라다니고 싶으면 그래도 돼.

* **Why does he have to tag along?**
  걔는 왜 우리를 따라다닌대?

* **Can I tag along with you today?**
  오늘 내가 따라다녀도 돼?

That doesn't make sense.

그거 말이 안 되잖아.

* make sense 말이 되다, 이해가 되다

어떤 말이나 상황이 논리적으로 이해가 될 때 make sense라는 표현을 사용할 수 있어요. 반대로 앞뒤가 맞지 않을 때는 not make sense라고 할 수 있겠죠?

| 응용표현 |

* What you just said doesn't **make sense.**
  네가 방금 한 말은 정말 말도 안돼.

* Does that **make** any **sense** to you?
  그거 이해가 돼?

* Oh, that **makes sense** now.
  아, 이제야 이해되네.

I wouldn't bet on it.
별로 기대 안 해.

친구들이랑 만나기로 했는데 그중 한 명이 늘 시간을 안 지켜요. 그런데 다른 친구들이 '걔 7시에 온대'라고 할 때 회의적으로 I wouldn't bet on it(기대하지 않는다)이라고 할 수 있어요. Bet은 '도박하다'라는 뜻이지만 어떤 가능성에 대해 회의적일 때 사용할 수 있어요.

| 응용표현 |

* **I wouldn't bet on** her showing up on time.
  제 시간에 도착할 거라지만 또 늦겠지.

* He says he's going to pay you back?
  I wouldn't bet on it.
  걔가 돈 갚을 거라고 했다고? 안 갚을 것 같은데.

* The weather forecast says it's going to rain.
  I wouldn't bet on it.
  일기예보에는 비가 올 거라는데. 안 오겠지.

Spit it out!

말해버려!

* spit it out 참지 않고 말하다

뭔가를 말할 수 있는데 어떤 이유로든 주저하고 말하지 않으면 듣는 사람은
아주 답답하죠. 이런 경우엔 Spit it out!이라고 해요. '침을 내뱉듯이 말해버
려!'라는 뜻이에요.

| 응용표현 |

* **What do you want to say? Just spit it out!**
  무슨 얘기 하고 싶은데? 빨리 말해버려!

* **Spit it out already!**
  빨리 말해버려!

* **Do you love me or not? Spit it out!**
  나를 사랑해, 사랑하지 않아? 그냥 말해!

I've always looked up to you.
나는 항상 너를 존경해왔어.

* look up to 존경하다

존경하는 마음을 표현할 때 look up to라는 표현을 쓰는데요, 대단한 사람들은 보통 사회적으로 지위가 높잖아요. 그래서 올려다보게 되니까 이렇게 표현한다고 보시면 됩니다.

| 응용표현 |

* **He looks up to his father.**
  걔는 자기 아빠를 존경해.

* **Who do you look up to?**
  넌 누구를 존경해?

* **Many young people look up to professional athletes.**
  많은 젊은이들이 프로 운동선수를 존경해.

Why in the world would they do that?

걔네 도대체 왜 그런 거야?

* in the world 도대체

이유가 궁금해서 질문할 때 why로 문장을 만들죠? 그런데 너무 궁금할 때 why와 함께 in the world를 같이 쓰면 궁금증을 더 강조할 수 있어요. '도대체'라는 느낌과 가깝습니다.

| 응용표현 |

★ Why **in the world** did they break up?
  걔네 도대체 왜 헤어진 거야?

★ Why **in the world** did you do that?
  도대체 왜 그런 거야?

★ Why **in the world** did they run away?
  도대체 왜 도망간 거야?

5

MAY

Just keep moving forward!
이대로 쭉 가요!

Let's go for a walk.
우리 산책하자.

* go for a walk(=go on a walk) 산책하다

아주 거하게 먹은 날에는 산책을 하면 기분이 좋아지죠. 건강해지는 느낌도 들고 소화도 잘되는 것 같아요. 특별한 목적지 없이 산책할 때는 go for a walk이라는 표현을 아주 자유롭게 쓸 수 있어요.

| 응용표현 |

* **Why don't we go for a walk?**
  우리 산책할까?

* **I try to go for a walk every day after work.**
  나는 매일 퇴근하고 산책하려고 노력해.

* **Let's go on a walk in the park.**
  우리 공원에서 산책하자!

You should
test the waters and
see if it's for you.
너한테 맞는 일인지 확인하면 좋을 것 같아.

* test the waters 미리 살피다

무언가를 미리 살짝 경험해보는 걸 요즘 한국말로 '간을 보다'라고 하죠? 영어로는 test the waters라고 해요. 유래가 확실하지는 않지만 예전에 우물을 확인할 때 썼대요. 우물이 여러 개 있어서 복수형(waters)이 되었다고 해요.

| 응용표현 |

* **She's testing the waters to see if she wants the job.**
  걔 진짜 거기서 일할지 상황을 살피고 있어.

* **Test the waters and do a small presentation for the manager.**
  확인할 수 있게 부장님 앞에서 간단하게 발표라도 해봐.

* **Make sure to test the waters before committing to a relationship.**
  걔랑 사귀기 전에 어떤지 미리 간 꼭 봐.

9

SEPTEMBER

**You're stronger
than you think!**
여러분은 생각보다 강하답니다!

Let's go chill at the park.

우리 공원에 가서 놀자.

* chill 놀다

Let's chill, '진정하자'라는 얘기가 아니에요. Chill에는 엄청 많은 의미가 있어서 맥락에 따라 다르게 해석해야 해요. 만약 친구가 이렇게 말한다면 '놀자' '우리 같이 시간 보내자'라는 뜻이거든요. Let's hang out과 똑같은 의미랍니다.

| 응용표현 |

* Hey. Do you want to **chill** this weekend?
  야. 이번 주에 같이 놀래?

* Hey! Can you **chill** tonight?
  야! 오늘 밤에 놀 수 있어?

* We haven't **chilled** in forever man!
  우리 같이 안 논 지 엄청 오래됐잖아!

We've come a long way on this project.

이 작업 정말 많이 진전됐어.

* come a long way 많이 발전하다

어떤 작업이나 상황이 크게 진전되었을 때 이 표현을 사용하면 딱 좋아요.
Come a long way는 원래 '아주 멀리서 오다'라는 뜻이지만 이렇게 비유적
인 의미로도 자주 쓴답니다.

| 응용표현 |

* **We've come a long way, haven't we?**
  우리 진짜 많이 성장했어, 그렇지?

* **You've come a long way since the first day I met you.**
  너 처음 만났을 때랑 비교하면 진짜 많이 성장한 것 같아.

* **Charles has come a long way with his Spanish skills.**
  찰스 스페인어가 정말 많이 늘었어.

I'll have the usual.

항상 먹는 걸로 먹겠습니다.

* the usual 늘 먹는 것

The usual은 어떤 식당에서 단골이 매일 시키는 메뉴를 말해요. 단골 식당이 있다면 이 표현으로 즐겨 먹는 메뉴를 아주 간편하게 시킬 수 있어요.

| 응용표현 |

* I'll just go with the usual today.
  오늘도 그냥 늘 먹는 걸로 할게요.

* What are you ordering? The usual?
  뭐 먹을 거야? 항상 먹는 거?

* Are you getting the usual today?
  오늘도 늘 먹던 거 먹을 거야?

Don't blow your cover.
네 정체를 드러내지 마.

* blow one's cover 정체가 드러나다

스파이 영화에서 많이 볼 수 있는 표현인데, 스파이가 정체를 위장한 것을 cover라고 해요. 위장했는데 발음 실수를 하거나 가발이 벗겨진다면 다 들통나겠죠? 이런 경우에 blow one's cover(가면을 벗다, 정체가 드러나다)라고 합니다.

| 응용표현 |

* Her foreign accent **blew** her **cover.**
  걔 외국인 발음 때문에 정체가 탄로 났어.

* It's dangerous when a spy gets their **cover blown.**
  스파이의 정체가 드러나면 아주 위험하지.

* Be careful or your **cover** will get **blown.**
  조심하지 않으면 네 정체가 드러날 거야.

I underestimated you.

널 과소평가했네.

*underestimate 과소평가하다

어떤 사람의 능력에 대해서 큰 기대를 안 했는데 알고 보니까 엄청난 능력자일 때 그의 능력을 '과소평가했다'라고 하잖아요. 영어로는 underestimate라고 해요. 반대말 '과대평가하다'는 overestimate랍니다!

| 응용표현 |

* **I underestimated** my opponent and he beat me.
  내가 상대를 과소평가하는 바람에 결국 졌어.
  *opponent 상대

* **I underestimated** my dog's strength and he broke his leash.
  내 개의 힘을 과소평가하는 바람에 결국 목줄이 끊어졌지 뭐야.

* Don't **overestimate** me.
  나를 과대평가하지 마.

I'm cranky
when I'm tired.

난 피곤하면 짜증이 나.

* cranky 짜증을 내는

피곤하거나 배가 고프면 누구나 예민해져서 짜증이 나잖아요. 이런 기분을 cranky라고 해요. 특히 아기들은 배가 고프거나 낮잠 시간이 많이 지나면 아주 cranky해집니다.

| 응용표현 |

* **Why do I always feel cranky in the morning?**
  나는 왜 아침마다 짜증이 나지?

* **It's past my son's bedtime and now he's getting cranky.**
  우리 아들이 잘 시간이 지나서 짜증을 내네.

* **Sorry I was so cranky earlier.**
  조금 전에 내가 짜증을 많이 내서 미안.

YouTube is an awesome website.

유투브는 대단한 웹사이트지.

알파벳 u가 한국말 '유' 소리와 가까워서 많은 분들이 유튜브, 슈퍼맨, 컨슈머, 튜브탑 같은 단어를 말할 때 '유' 소리로 내요. 하지만 슈퍼맨이라고 하면 shoe-per-man처럼 들려서 신발이랑 관련된 사람이라고 오해할 수도 있어요. u가 들어 있지만 '유' 소리가 안 나는 단어의 발음을 연습해보세요.

YouTube [유투브]   super [수퍼]

| 응용표현 |

---

* I'm super excited about the BTS concert.
  방탄 콘서트 때문에 엄청 신나.

* Let's go to the supermarket.
  수퍼마켓 가자.

* Who's your favorite superhero?
  어떤 수퍼히어로 가장 좋아해?

Carl will
show you the ropes.
칼이 너한테 가르쳐줄 거야.

• show someone the ropes ~에게 새로운 기술을 가르쳐주다

Show someone the ropes를 직역하면 '줄을 보여주다'라는 뜻이 되죠? 옛 날에 새로운 선원에게 범선의 줄을 사용하는 방법을 가르치면서 생긴 표현 이래요. 현재는 모든 기술, 특히 직장에서 관련 기술을 가르쳐줄 때 많이 쓰 는 표현이에요.

| 응용표현 |

* My manager at my new job has been showing me the ropes.

  내가 최근에 취업한 회사에서 부장님이 많은 걸 가르쳐주고 있어.

* Would you mind showing me the ropes?

  어떻게 하는지 보여주시겠어요?

* Come on, I'll show you the ropes.

  시작하자, 어떻게 하는지 알려줄게.

MAY

6

He went off the deep end after losing his job.

걔 해고당해서 완전히 넋이 나갔던데.

* go off the deep end 넋이 나가다, 욱하다

상황이 안 좋아지면 정신적으로 너무 괴로워서 감정적으로 폭발하거나 미친 듯이 울 수 있죠. 이런 경우에 주로 쓰는 말 중 하나로 go off the deep end 라는 표현이 있어요.

| 응용표현 |

---

* **Losing his puppy made him go off the deep end.**
  걔 강아지 잃어버려서 완전히 넋이 나갔던데.

* **That'd make anyone go off the deep end.**
  그런 일 당하면 누구나 넋을 잃을 것 같아.

* **I went off the deep end after seeing today's stock market.**
  오늘 주식 시장을 보고 완전히 정신이 나가버렸어.

She's a natural.
걔는 완전히 타고났더라고.

* natural 타고난 사람

Natural을 '자연스러운'이라는 뜻의 형용사로만 기억하시나요? 이 단어는 어떤 악기, 기술, 외국어 등을 마치 타고난 것처럼 잘하는 사람을 나타낼 때도 사용할 수 있어요. 명사로는 '타고난 사람'이라는 뜻이거든요. 재능이 있다는 소리겠죠!

| 응용표현 |

* **She's a natural at the piano.**
  걔는 피아노 실력을 타고났어.

* **It looks like you're a natural!**
  너 완전히 타고난 것 같은데!

* **I'm a natural at it.**
  난 이거 타고났지.

I got dumped last night.
나 어젯밤에 차였어.

* get dumped 실연당하다, 차이다

이성에게 거절당하는 걸 '차이다'라고 하죠? 영어로는 get dumped라고 해요. Dump는 '버리다'라는 뜻인데, 차이는 건 어떻게 보면 버려지는 거랑 똑같잖아요. 이제 절대 kick이라는 단어 쓰지 말 것! 😁

| 응용표현 |

* **I got dumped on Valentine's Day.**
  나 밸런타인데이에 여자 친구한테 차였어.

* **He got dumped so he's really depressed.**
  걔 차여서 엄청 우울해하더라.

* **Why did he dump you?**
  너 왜 차인 것 같아?

I have bad breath.
나한테서 입 냄새가 나.

＊have bad breath 입 냄새 나다

'입 냄새'는 영어로 뭐라고 할까요? 입이니까 mouth라는 단어를 쓸 것 같지만 이럴 때는 breath(숨)를 사용해서 bad breath라고 한답니다.

| 응용표현 |

* **Garlic gives me bad breath.**
   마늘을 먹으면 입 냄새가 나.

* **You have really bad breath.**
   너 입 냄새 너무 심해.

* **How do I get rid of my bad breath?**
   입 냄새 어떻게 없애지?

There's not much to it.

별로 어렵지 않아.

어떤 방법이 아주 쉬울 때, 얼마나 쉬운지 강조하는 표현이 있어요. 바로 There's not much to it, '별로 어려움이 없다'라고 해석하면 돼요. 굉장히 원어민스러운 표현이죠!

| 응용표현 |

* **There's not much to it. Just hit the red button.**
  별로 어렵지 않아. 그냥 빨간 버튼만 누르면 돼.

* **It doesn't look like there's much to it.**
  내가 보기엔 별로 어려울 것 같지 않은데.

* **There's not much to it really.**
  정말 별로 어렵지 않거든.

AUGUST

25

That's
just the way he is.

걔 원래 그래.

* That's just the way something is 원래 그래

항상 기분이 나빠 보이는 친구를 보고 다른 친구가 '걔 왜 그래?'라고 물으면 그냥 '원래 그래'라고 대답하죠? 이런 상황을 영어로는 That's just the way something is라고 해요. 사람, 물건, 상황에 모두 사용할 수 있어요.

| 응용표현 |

* **That's just the way the school is.**
  우리 학교는 원래 그래.

* **That's just the way she is.**
  걔는 원래 그래.

* **That's just the way things are.**
  이런 상황은 원래 그래.

| 어머니날(5월 둘째 일요일) |

I forgot all about Mother's Day!

나 어머니날 완전히 깜빡했어!

* Mother's Day 어머니날

한국에는 어버이날이 있어서 부모님께 한 번에 감사의 마음을 전하잖아요?
반면 미국에서는 아버지날과 어머니날이 따로 있어서 각각 챙겨드려야 해요.
보통 카드, 초콜릿 그리고 부모님의 취미와 관련된 선물을 많이 한답니다.

| 응용표현 |

* I took my mom out to dinner to celebrate Mother's Day.

  어머니날이라서 엄마한테 저녁 식사 대접해드렸어.

  * take someone out to breakfast/lunch/dinner 식사를 대접하다, 한턱내다

* You're the best mom a daughter could ask for.

  엄마보다 좋은 엄마는 없어.

This sweater is really comfortable!

이 스웨터 진짜 편하네!

미드 볼 때나 미국 사람과 대화할 때 comfortable이 안 들리는 경우가 있을 거예요. 알파벳대로 안 읽고 알파벳 위치를 comf/tr/ble [컴f터블]로 바꿔서 말하는 사람이 많아요. 원래는 com/for/ta/ble [컴포타블] 네 음절이지만 이제 세 음절로 줄었죠? 더 편하게는 그냥 com/fy [컴피]라고도 할 수 있어요.

comfortable [컴f터블]   comfy [컴피]

| 응용표현 |

* **I don't feel comfortable around you.**
  너랑 있으면 좀 불편해.

* **Don't get too comfy. We need to leave soon.**
  너무 편하게 있지 마. 우리 곧 나갈 거야.

* **These shoes are really comfy!**
  이 신발 진짜 편하네!

Can you overdose on vitamin C?

비타민 C를 과다 복용 해도 되나?

＊overdose （약을） 과다 복용 하다

약 복용 설명서를 보면 어디에나 '과다 복용'에 대한 경고 문구가 쓰여 있어요. 영어로 된 설명서에서 이에 대한 주의 사항을 확인하고 싶다면 overdose라는 단어를 찾아보세요. 명사와 동사로 모두 사용할 수 있어요.

| 응용표현 |

* **Don't take too much of that medicine or you'll overdose.**
  과다 복용 하면 안 되니까 약 너무 많이 먹지 마.

* **The actor overdosed on drugs and almost died.**
  그 배우 약물 과다 복용으로 죽을 뻔했어.

* **She died of an overdose.**
  그 사람 과다 복용으로 사망했어.

It sounds silly,
but I have to do it.

좀 바보같이 들리겠지만 나 이거 꼭 해야 해.

* sound silly 우습게 들리다

무슨 말을 하려고 하는데 상대방이 내 말을 좀 어이없어할 것 같으면 '우습게 들리겠지만'이라고 하면서 말문을 열잖아요? '우습게 들리다'를 영어로는 sound silly라고 합니다.

| 응용표현 |

* **It sounds silly, but you have to say this magic word.**
  조금 바보같이 들리지만 이 매직 암호를 꼭 말해야 해.

* **This is going to sound really silly.**
  이거 엄청 우습게 들릴 거야.

* **This sounds really silly, but could you please hold my hand?**
  좀 우습게 들리겠지만 내 손 좀 잡아줄 수 있어?

There he goes again.
쟤 또 저러네.

'쟤 또 저러네'라고 할 때 He's doing it again 말고 원어민들이 즐겨 쓰는 표현이 있어요. There he goes again입니다. 여기서 go는 '가다'라는 의미가 아니라 어떤 사람이 '똑같은 행동을 하다'라는 의미랍니다.

| 응용표현 |

* **There she goes again, talking about her car like always.**

  쟤 또 저런다. 자기 차 얘기 항상 하는 거.

* **There he goes again, begging for food like he always does.**

  쟤 또 저러네, 음식 달라고 구걸하는 거.

* **There it goes again. Did you hear that?**

  차에서 소리 또 난다. 너도 들었지?

  * 물건이 주어일 때는 it을 써보세요.

He's taking a nap.
지금 낮잠 주무시거든.

*take a nap 낮잠 자다

'낮잠 자다'를 영어로 표현할 때는 sleep 대신 take를 써서 take a nap이라고 해요. 그리고 예문처럼 nap을 동사로 써서 표현할 수도 있답니다.

| 응용표현 |

* **I really need to take a nap.**
  나 진짜 낮잠 자야 할 것 같아.

* **Do you like to take naps?**
  너 낮잠 자는 거 좋아해?

* **I've been napping all day.**
  나 하루 종일 낮잠 잤어.

That'll work.

그렇게 하면 되겠네.

어떤 방법 혹은 상황이 만족스럽게 들리면 That'll work라고 해요. '그렇게 하면 되겠네' '좋아'라는 느낌이에요. Work이라는 단어가 들어 있다고 해서 꼭 일이랑 관련해서 쓰는 말은 아니에요.

| 응용표현 |

* **I can get to your place by 9. Will that work?**
  너희 집에 9시까지 도착할 수 있어. 되겠어?

* **That'll work for me.**
  그렇게 하면 될 것 같아.

* **Don't worry about it. That'll work.**
  걱정 마. 그러면 될 거야.

AUGUST
21

It's normal for kids to get ants in their pants.
아이들은 원래 안절부절못하지.

* get/have ants in one's pants 안절부절못하다, 긴장하다

Get ants in one's pants를 직역하면 '어떤 자의 바지 속에 개미가 있다'인데 실제로 개미에 대한 표현은 아니에요. 너무 불안하고 긴장한 나머지 가만히 있지 못해서 마치 바지 속에 개미가 있는 것처럼 행동하는 걸 일컫는 표현이에요.

| 응용표현 |

* **I always get ants in my pants before I give speeches.**
  나 연설하기 전에는 항상 안절부절못해.

* **Why do you have ants in your pants?**
  너 왜 안절부절못하고 있어?

* **I used to get ants in my pants when I was a kid.**
  나는 어릴 때 안절부절못하곤 했어.

Don't just sit there.
Do something.

가만히 있지만 말고, 뭐라도 좀 해봐!

* sit 있다

Sit은 '앉다'라는 뜻이지만 '있다'라고 할 때도 많이 씁니다. 물론 Don't sit there라고 하면 확실히 '거기 앉지 마'라는 뜻이에요. Just를 함께 사용하면 뉘앙스 차이가 아주 커지고, sit 대신 stand를 써도 됩니다.

| 응용표현 |

* **Don't just stand there.**
  가만히 있지만 마라.

* **That car has been sitting there all day.**
  그 차 하루 종일 거기에 있었어.

* **My backpack is sitting on the couch.**
  내 백팩은 소파에 있는데.

Don't cut me off like that.

내 말 끊지 마.

* cut off 말을 끊다

상대방이 말하고 있는데 중간에 그 말을 끊고 자기 이야기를 하는 사람들이 있죠? 이런 상황은 cut off로 표현할 수 있어요. 그 사람의 대화 흐름을 잘랐다고 생각하시면 돼요.

| 응용표현 |

* **She always cuts me off when I'm talking.**
  내가 얘기할 때마다 걔는 항상 말을 끊어.

* **I hate getting cut off when I'm talking.**
  내가 말하고 있을 때 끊는 거 싫어.

* **Sorry for cutting you off, but this is really urgent.**
  말 끊어서 미안한데, 아주 급한 일이 생겼어.

Hey. Are you going commando today?

야. 너 오늘 노팬티야?

* go commando 노팬티다

노팬티를 그냥 no panty라고 하면 될까요? 그러면 어색합니다. 보통 미국 사람들은 이 표현을 go commando라고 합니다. 옛날에 스코틀랜드 병사들은 킬트 안에 팬티를 안 입었대요. 바로 여기에서 나온 표현입니다.

| 응용표현 |

* **Hey. I'm going commando this week.**
  야, 나 이번 주 노팬티다.

* **He lost his luggage so he had to go commando.**
  걔 짐 잃어버려서 노팬티로 다녀야 했대.

* **Are there any benefits to going commando?**
  노팬티면 좋은 점이 있어?

She was
nowhere to be seen.

걔 아무 데도 없더라고!

* nowhere to be seen 아무 데도 없는, 완전히 사라진

정말 영어스러운 표현 같아요. 직역하면 '아무 데서도 보이지 않는'이 되니까요. 어떤 사람이나 물건이 있어야 할 곳에 없거나 나타나지 않을 때 그 '부재'를 강조하기 위해 쓰는 표현입니다.

| 응용표현 |

* **The concert is about to start, but the singer is nowhere to be seen.**
  곧 공연 시작할 시간인데 가수가 아무 데도 없어.

* **The couple was nowhere to be seen.**
  그 커플이 아무 데도 없더라고.

* **My diamond necklace was nowhere to be seen.**
  내 다이아몬드 목걸이가 완전히 사라졌어.

I'm trying to set up a date with this girl.
나 어떤 여자랑 데이트 약속을 잡으려고 해.

* set up a date 데이트 약속을 정하다

병원 진료를 위해서 의사 선생님과 만나기로 약속하는 것을 set up an appointment라고 하죠? 비슷한 말로 데이트를 하기 위해서 시간이나 장소를 잡는 건 set up a date라고 해요.

| 응용표현 |

* Did you ever set up a date with that guy?
  그 남자랑 데이트 약속 정했어?

* I need help setting up a date with this girl.
  나 썸녀랑 어떻게 데이트하면 좋을지 도움이 필요해.

* I'm setting up a date with this random girl.
  안 만나본 여자랑 데이트 약속을 잡으려 하고 있어.

  * random girl 모르는 여자

That guy is full of it.
그 사람은 거짓말을 너무 많이 해.

* full of it 거짓말밖에 안 하는

Full of it은 무언가로 '가득 찬'이라는 뜻인데, 여기에서 it은 '거짓말'을 뜻해요. 그러니까 다른 말로 '거짓말밖에 없는', 즉 그 사람이 '거짓말밖에 안 하는'이라는 뜻이 됩니다.

| 응용표현 |

* **Don't believe her. She's full of it.**
  걔 말 믿지 마. 다 거짓말이야.

* **You might think I'm full of it, but I'm telling the truth.**
  내가 거짓말한다고 생각하겠지만 사실대로 말하고 있어.

* **That pastor is full of it.**
  그 목사님은 거짓말밖에 안 해.

I don't think I like it.
안 좋아하는 것 같은데.

의견을 부드럽게 전달할 때 '좋은 것 같아'라고 하죠? 영어로도 I think it's good, I think it's pretty라고 할 수 있지만, '음, 좋긴 하지만, 글쎄…'처럼 불확실한 느낌을 줍니다. 미국인들은 감정이나 생각을 표현할 때 의사를 분명히 표현하는 편이에요. 물론 고백할 때는 거절당할지 모르니까 I think I like you처럼 조심스럽게 말하고 싶을 때도 있겠죠?

| 응용표현 |

* **I think I like it.**
  좋은 것 같아.
  * I like it. 좋아해.

* **I think I love it.**
  엄청 좋아하는 것 같아요.
  * I love it. 엄청 좋아해요.

17

You named
your chicken house.

닭장에 이름을 붙였구나.

* name (동사) 이름을 붙이다

Name 하면 명사로 '이름'이라는 뜻만 기억하는 분들이 많은데요, 동사로도
쓸 수 있어요. '이름을 붙이다'라는 뜻이에요.

| 응용표현 |

* **What do you want to name your first child?**
  첫째 아이 이름 뭐라고 짓고 싶어?

* **Why did you name your cat that?**
  고양이 이름을 왜 그렇게 지은 거야?

* **Let's name our cars!**
  우리 자동차들 이름 짓자!

Water the plants every other day.

이틀에 한 번 나무에 물을 주세요.

* every other day 이틀에 한 번, 하루걸러

'이틀에 한 번, 하루걸러'를 영어로 every other day라고 해요. Every other 는 minute, hour, week, year 같은 기간을 나타내는 단어들과 함께 사용할 수 있어요.

| 응용표현 |

* I only wash my hair every other day.
  나는 하루걸러 머리를 감아.

* Make sure to only lift weights every other day.
  반드시 하루걸러 웨이트 운동을 해.

* She only visits me every other week.
  걔는 2주에 한 번 나를 보러 와.

When do you
go back to school?

언제 개학해?

* go back to school 개학하다

한국에서는 모든 학기가 겨울에 끝나죠? 하지만 미국에서는 5월에 끝나요. 학기가 끝나고 나면 아주 긴 여름방학을 보낸 후에 8월이나 9월에 새 학기를 시작하죠. 그래서 여름이 끝나갈 무렵이면 필통, 가방 같은 신학기 용품을 구입하기 위한 back-to-school shopping(개학 쇼핑)을 많이 한답니다.

| 응용표현 |

* **That store is having back-to-school sales.**
  저 가게 개학 할인 중이래.

* **I don't want to go back to school!**
  개학 싫어!

Don't you think that outfit is too revealing?

그 옷 너무 파인 거 아니야?

* revealing 노출이 심한

옷이 몸을 제대로 가리지 못하고 속살이 너무 드러나 보일 때 한국말로 '파이다' '짧다'라는 표현을 쓰는데요. 영어로는 이런 상황에 revealing이라는 단어를 써요. 친구의 옷이 revealing하다면 이것 때문에 서로 불편해지지 않도록 살짝 귀띔해주세요.

| 응용표현 |

* **That shirt is too revealing.**
  그 셔츠 너무 노출이 심하잖아.

* **Do you think my dress is a little too revealing?**
  내 드레스 너무 파인 것 같아?

* **My grandparents think your skirt is too revealing.**
  우리 조부모님이 네 치마가 너무 짧다고 생각하나 봐.

My uncle is behind the times.
우리 삼촌은 시대에 뒤처져 있어.

*behind the times 시대에 뒤떨어진

만약 누군가가 핸드폰이나 인터넷 같은 현대적인 기술을 사용하지 않으면 그 사람이 '시대에 뒤떨어졌다'라고 말하죠. 이 표현을 영어로는 behind the times라고 해요. 주위에 이런 고인 물 같은 사람이 있나요?

| 응용표현 |

* She doesn't even have a cell phone.
  She's behind the times.

    걔는 핸드폰도 없어. 시대에 뒤떨어졌어.

* I guess I'm behind the times since I don't even use the internet.

    난 인터넷도 사용하지 않으니 시대에 뒤떨어진 것 같아.

* You've never heard of a smartphone?
  You're so far behind the times.

    스마트폰이 뭔지 모른다고? 너 진짜 시대에 뒤떨어졌다.

MAY

19

I don't have anything going on today.

나 오늘 별 계획이 없어.

* don't have anything going on 계획이 없다

별 계획 없을 때, 별로 할 일이 없을 때 plan을 써서 말할 수도 있겠지만, don't have anything going on이라는 표현을 사용하면 좀 더 자연스러워요. 미국인 친구에게 자주 들을 수 있는 표현이에요.

| 응용표현 |

* Do you have anything going on today?

  오늘 계획 있어?

* I don't think we have anything going on this week.

  이번 주에 별 계획이 없는 것 같은데.

* I thought you didn't have anything going on today.

  너 오늘 별 계획 없다며?

It has a kick to it.

매콤하네.

* have a kick to it 매콤하다

음식이 맵다고 말할 때 흔히 spicy라는 단어를 떠올리는데요, 일상회화에서 have a kick to it이라는 표현도 자주 사용해요. 이제 영화에서 이 말을 들으면 금방 이해할 수 있겠죠?

| 응용표현 |

* **I like how this dish has a little kick to it.**
  이 음식 약간 매콤해서 좋아.

* **Man, that sauce has quite a kick to it!**
  야, 그 소스 아주 맵네!

* **Add this if you want it to have a little kick to it.**
  이걸 추가하면 약간 매콤한 맛이 날 거야.

 *MAY*

20

Education is very important.

교육은 정말 중요해요.

한국에 와서 '에듀'라는 말을 처음 들었을 때 한자어인 줄 알 만큼 생소하게 들렸어요. 사실 d와 u가 만나면 가끔 '쥬' 소리가 나거든요. 그래서 education은 [에듀케이션]이 아니라 [에쥬케이션]이라고 발음해야 좀 더 자연스럽습니다.

education [에쥬케이션]　　　schedule [스케쥬ㄹ]
individual [인디비쥬ㄹ]　　　graduate [그래주에ㅌ]

| 응용표현 |

* **Does Korea have a good education system?**
  한국에 좋은 교육 시스템이 있어요?

* **She'll only date guys with a good education.**
  걔는 교육 잘 받은 사람이랑만 만난대.

* **Do you like educational documentaries?**
  너 교육적인 다큐 좋아해?

She wasn't having it.
걔는 그 상황이 마음에 안 들었대.

＊not have it 마음에 안 들다

어떤 상황이 마음에 안 들면 그 결과나 상태도 받아들이기 힘들잖아요. 예를
들어 아이스크림을 잔뜩 사놨는데 외출하고 돌아오니 친구가 다 먹어버렸을
때요! 이런 경우에 not have it이라는 표현을 사용할 수 있어요. '가지고 있지
않다'라는 뜻이 아니랍니다.

| 응용표현 |

* **He apologized to her, but she wasn't having it.**
  걔 사과는 받았는데 맘에 안 들었나 봐.

* **She ate all my cookies. I'm not having it!**
  걔가 내 쿠키 다 먹었어! 마음에 안 들어!

* **None of the students did their homework and the
  teacher wasn't having it.**
  아무도 숙제를 안 해 와서 선생님 기분이 언짢았어요.

What kind of cream-based pasta do you have?

여기 어떤 크림 파스타가 있어요?

미국인한테 '크림 스파게티'라고 말하면 아마 바로 이해를 못 할 거예요. 일 반적으로 사용하는 표현이 아니거든요. 식당에서 주문할 때, 음식에 대해서 친구와 이야기할 때 크림소스를 말하고 싶으면 cream-based 혹은 white sauce라는 표현을 사용해보세요.

| 응용표현 |

* **Which cream-based pasta do you recommend?**
  여기 크림 파스타 중에 어떤 게 제일 맛있어요?

* **I prefer white sauce pasta over red sauce pasta.**
  나는 토마토 파스타보다 크림 파스타가 더 좋아.

He's always using people.

개는 항상 남을 이용해.

* use somebody 사람을 이용하다

일진들은 항상 주변 사람들을 이용하죠. 빵셔틀도 시키고, 용돈도 가져오라고 시키고! 이런 경우 영어로도 '이용하다' 즉, use를 사용해요. 꼭 물건에만 이 단어를 쓰는 게 아니랍니다.

| 응용표현 |

* **She'll use you to get what she wants.**
  개는 원하는 걸 얻기 위해 널 이용할 거야.

* **Are you really my friend or are you just using me?**
  너는 진짜 내 친구야? 아니면 나를 이용하는 거야?

* **Don't let him use you.**
  개가 널 이용하게 내버려두지 마.

Don't beat yourself up about it.

그것 때문에 자책하지 마.

* beat oneself up 자책하다

어떤 실수 때문에 자책한 적 있으세요? 영어로 '자책하다'를 beat oneself up이라고 해요. Beat up은 '심하게 때리다'라는 뜻인데 자책은 자기 자신을 정신적으로 때리는 거라서 이런 표현이 나왔나 봐요.

| 응용표현 |

* **Don't beat yourself up about what happened last night.**

  어젯밤에 일어난 일 때문에 자책하지 마.

* **I always beat myself up about my mistakes.**

  나는 실수하면 항상 자책해.

* **It's not a big deal. Don't beat yourself up over it.**

  별일 아니니까 너무 자책하지 마.

The fish got away.
물고기가 도망갔어.

* get away 도망가다

사전에서 '도망가다'를 검색하면 가장 먼저 나오는 표현이 보통 escape인데, 사실 다른 표현도 많아요. 그중에 get away라는 표현을 원어민들은 평소에 아주 자주 사용해요.

| 응용표현 |

★ **The suspect got away.**
   용의자가 도망갔어.

★ **I won't let you get away.**
   너 못 도망가게 할 거야.

★ **She got away before the police got to her house.**
   경찰이 집에 도착하기 전에 걔가 도망갔어.

MAY

23

Maybe she was a rabbit in her past life.
아마 걔는 전생에 토끼였나 봐.

* past life 전생

'전생'이라는 개념은 동양에만 있을 것 같지만 영어로도 표현하는 단어가 있어요. 바로 past life라고 해요. 직역하면 '과거의 삶'이라는 뜻이에요.

| 응용표현 |

* What do you think you were in your past life?
  전생에 당신은 뭐였을까요?

* I think I was a cheetah in my past life.
  나는 전생에 치타였다고 생각해.

* Do you believe in the idea of having a past life?
  넌 전생을 믿어?

AUGUST

10

| 발음 |

I can't handle spicy food. Nah mean?

나 매운 음식 못 먹어. 내 말 알지?

* Nah mean 내 말 알지?

팝송을 듣다 보면 Nah mean이라는 가사가 많아요. No mean(의미 없다)으로 오해하는 분이 있을 것 같은데 You know what I mean?(내가 무슨 말 하는 건지 알지?)의 줄임말입니다. 이런 표현을 적당히 쓰면 여러분의 영어가 유창해 보일 수 있어요.

★ **Do you know what I mean?** 내 말 알지?

▶ **1단계:** Do를 생략해서 You know what I mean?

▶ **2단계:** You도 뺄 수 있어요. Know what I mean?

▶ **3단계:** 더 줄여서 Nah mean?

| 응용표현 |

★ **I'm feeling good today! Nah mean?**
오늘 기분 최고다! 무슨 말인지 알지?

★ **I'm trying to get fit! Nah mean?**
나 몸매 좋게 만들려고 해. 무슨 말인지 알지?

Can I pet your cat?
고양이 만져봐도 돼?

※ pet (반려동물을) 다정하게 만지다

공원에서 아주 귀여운 강아지를 보면 무조건 만지고 싶죠? 그런데 이럴 때 touch(만지다)를 쓰면 자연스럽게 들리지 않아요. 이런 경우에는 pet이라는 단어를 써보세요. 명사로는 '반려동물'이라는 뜻이지만 '(반려동물을) 다정하게 만지다, 쓰다듬다'라는 의미의 동사로도 쓸 수 있어요.

| 응용표현 |

★ **Can I pet your puppy?**
   강아지 만져봐도 돼요?

★ **My cat likes it when I pet him.**
   내 고양이는 쓰다듬어주는 걸 좋아해요.

★ **Why are you petting me like a puppy?**
   왜 강아지 쓰다듬듯이 나를 쓰다듬어?

She's always been a light sleeper.

걔 원래 잠을 얕게 자는 편이야.

* light sleeper 잠귀 밝은 사람

아주 작은 소리에도 쉽게 잠이 깨는 사람들이 있잖아요. 깊게 잠들지 못하는 예민한 사람들요. 이런 사람을 light sleeper라고 해요. 여기서 light은 '빛'이 아니라 '얕은'이라는 뜻이에요.

| 응용표현 |

* **I hate being a light sleeper.**
  나 잠이 잘 깨는 편이라서 힘들어.

* **Are you a heavy sleeper or a light sleeper?**
  너 깊이 자는 편이야 얕게 자는 편이야?
  * heavy sleeper 잠귀가 어두운 사람

* **She can't get much sleep because she's a very light sleeper.**
  걔 잠귀가 밝아서 항상 잠을 푹 못 자.

I let my guard down and got attacked.

경계심을 늦췄다가 공격당했어.

* let one's guard down 경계를 늦추다

경계심을 계속 유지하다가 늦추는 걸 영어로 let one's guard down이라고
해요. 여행 가서 경계심을 늦추면 사기당할 가능성이 아주 커지겠죠?

| 응용표현 |

* **Don't let your guard down or they'll scam you.**
  경계심을 늦추면 너 사기당할 거야.

* **I let my guard down for one second and my dog escaped.**
  딱 1초 경계심을 늦췄을 뿐인데 개가 도망가버렸어.

* **As soon as she let her guard down he stole her purse.**
  여자가 경계심을 늦추자마자 그 녀석이 가방을 훔쳐 갔어.

I love catching some rays at the beach.

난 해변에서 햇볕 쬐는 걸 좋아해.

＊catch some rays 햇볕을 쬐다

햇볕을 쬐는 걸 영어로 catch some rays라고 해요. Rays는 sunray(태양광선)에서 나온 말인데, 특히 일광욕을 할 때 이 표현을 자주 써요.

| 응용표현 |

* **I'm going outside to catch some rays.**
  나 밖에 나가서 햇볕 좀 쐬고 올게.

* **It finally stopped raining, so we can go down to the park to catch some rays.**
  드디어 비가 그쳤으니까, 우리 공원에 가서 햇볕 쬘 수 있겠어.

* **We should go to the beach and catch some rays.**
  우리 바닷가에 가서 일광욕 좀 해야겠다.

Please don't tell on me.
제발 나 고자질하지 마.

* tell on 고자질하다, 이르다

누가 잘못했을 때 다른 사람이 선생님 혹은 권한을 가진 다른 사람한테 가서 말하는 걸 영어로 tell on이라고 해요. 특히 학생들 사이에서 이 표현을 자주 들을 수 있어요.

| 응용표현 |

* **I'm telling the teacher on you.**
  너 선생님한테 이를 거야!

* **She told on me and I got in trouble.**
  걔가 날 고자질하는 바람에 선생님한테 혼났어.

* **He'll tell on you if you do that.**
  네가 그거 하면 걔가 널 일러바칠 거야.

Can an old dog pick up new tricks?

나이 많은 개가 새로운 기술을 습득할 수 있어?

* pick up (새로운 것을) 습득하다

'어떤 것을 습득하다'라고 할 때 물론 learn something이라고 할 수 있지만 다른 표현이 있어요. Pick up something인데 사람 혹은 반려동물에 대해서 말할 때도 사용 가능하고 특히 skill(기술), language(외국어) 그리고 hobby(취미)에 대해서 말할 때 자주 들을 수 있어요.

| 응용표현 |

* **Gongju is picking up new commands already.**
  공주가 벌써 새로운 명령어를 배우고 있어요.

* **How did you pick up Spanish so fast?**
  스페인어를 어떻게 그렇게 빠르게 배운 거야?

* **I need to pick up a new hobby.**
  나 새로운 취미가 필요해.

MAY

27

There are zombies all over the place.

좀비들이 사방팔방에 있어.

*all over the place 모든 곳, 사방팔방

주변 모든 곳에 대해서 말할 때 영어로 everywhere라고 하잖아요. 이 말과 함께 원어민들이 자주 쓰는 표현이 있어요. 바로 all over the place예요. 뭔가가 주위에 널려 있다는 느낌입니다.

| 응용표현 |

* It seems like there are protesters all over the place.
  시위자가 사방팔방에 있는 것 같아.

* Why are there dirty clothes all over the place?
  왜 이렇게 더러운 옷이 사방팔방에 널려 있어?

* I looked all over the place for my backpack.
  내 가방을 찾으려고 온 사방을 돌아다녔어.

Iced tea tastes so refreshing on a hot day.

더운 날엔 아이스티를 마시면 아주 시원하지.

* refreshing 시원한

무더운 여름에 시원한 음식을 먹으면 '시원하다!'라는 말이 절로 나오죠? 이 때 cool이라는 단어를 떠올리기 쉽지만 음식과 관련해서 cool을 쓰면 온도를 나타내요. 기분까지 상쾌해지는 느낌을 표현하고 싶을 땐 refreshing을 써보세요.

| 응용표현 |

* **Lemonade sounds so refreshing right now.**
  레몬에이드라니 엄청 시원하겠다.

* **How about a refreshing beverage?**
  시원한 음료수 어때?

* **Let's go buy some ice cold refreshments at that corner store.**
  저 편의점에서 시원한 음료 좀 사 오자.

  * refreshment 음료

Did you vacuum the floor?

청소기로 바닥 좀 치웠어?

* vacuum 청소기를 돌리다

'청소기'를 영어로 vacuum이라고 하는데, 이 단어는 동사로도 사용할 수 있어요. 그래서 '청소기 돌려' 하고 말할 때 간단하게 vacuum을 동사 자리에 넣어서 그대로 말해도 된답니다.

| 응용표현 |

* **I need to vacuum my room.**
  내 방에 청소기 좀 돌려야겠다.

* **Could you please vacuum the living room?**
  거실에 청소기 좀 돌려줄 수 있어?

* **This place hasn't been vacuumed in years.**
  여기는 청소기 안 돌린 지 몇 년 된 것 같아.

My mouth always puckers when I eat peaches.

복숭아 먹을 때마다 입이 텁텁해.

* pucker 입이 텁텁하다

덜 익은 감이나 사과를 먹으면 떫은맛 때문에 입이 텁텁해질 수 있잖아요. 영어로 이런 상태를 pucker라는 단어로 표현할 수 있어요. 추가로 pucker lips 라고 하면 '입술을 오므리다'라는 뜻이에요.

| 응용표현 |

* **Does your mouth feel puckered?**
  입이 텁텁해?

* **My mouth is constantly puckered** because of the air pollution.
  미세먼지 때문인지 늘 입이 텁텁해.

* **He closed his eyes and puckered up his lips.**
  걔가 눈을 감고 입술을 오므렸어.

MAY

Oliver's
Daily
Calendar

29

I met him in person today.

오늘 걔를 실제로 만났어.

* in person 실제로, 직접

어떤 사람이나 물건을 TV나 영화에서가 아니라 실제로, 직접 보는 걸 영어로 in person이라고 해요. 아주 유명한 사람을 실제로 만나게 된다면 '실제로'를 강조하고 싶겠죠? 그럴 때 I met him in person이라고 해보세요.

| 응용표현 |

* **I saw my favorite actor in person today.**
  오늘 내가 가장 좋아하는 배우를 실제로 봤어.

* **He looks way different in person.**
  걔 실제로 보면 완전히 달라 보여.

* **Nice to finally meet you in person.**
  드디어 실제로 만나서 반갑네.

Stop pretending to be my friend.

친한 척하지 마.

* pretend ~인 척하다

평소 가깝게 지내지 않던 사람이 갑자기 친한 척하면 어떻게 해야 할까요? 어떤 의도로 그러는지 모르니까 우선 경계해야겠죠? 이런 경우에는 일단 pretend라는 동사를 써야 해요. 당황스러운 상황이 생겼을 때 유용하게 사용해보세요.

| 응용표현 |

* I don't even know you. Stop **pretending** we're friends.
  우리 모르는 사이잖아. 친한 척 그만해.

* Stop **pretending** to be my girlfriend.
  나랑 사귀는 척하지 마.

* Can we stop **pretending** to be best friends?
  우리 이제 베프인 척 안 해도 돼?

I'll make sure to study tomorrow.

내일은 꼭 공부할게.

* make sure 반드시, 꼭

어떤 걸 '확실히' 혹은 '반드시' 하는 것을 make sure로 표현할 수 있어요.
스스로 다짐을 하거나 상대방에게 분명히 당부할 때, 어떤 사실이 확실한지
확인할 때 유용하게 사용해보세요.

| 응용표현 |

* **I'll make sure** to exercise tonight.
  나 오늘은 꼭 운동할 거예요.

* **Make sure** to call me.
  나한테 꼭 전화해.

* Did you **make sure** the door was closed?
  문 확실히 닫았죠?

Can I get a to-go box?

포장 용기 얻을 수 있나요?

*to-go box (테이크아웃용) 포장 용기

식당에서 주문한 음식을 배부르게 먹고 남으면 어떡하죠? 가능하면 포장해서 나중에 집에서 맛있게 먹어야죠. 이런 경우에 to-go box라는 표현을 쓸 수 있어요.

| 응용표현 |

* **Do you have to-go boxes?**
  포장 용기 있으세요?

* **Would you like a to-go box?**
  포장 용기 필요하세요?

* **You should get a to-go box.**
  포장 용기 있으면 좋을 것 같아.

Oliver's
Daily
Calendar

I think I overdid it.

나 무리했나 봐.

∗ overdo 무리하다

'무리하다'는 영어로 over(지나치게)+do(하다)라고 해요. 운동이든 공부든 무리하게 할 때 이 표현을 유익하게 사용할 수 있어요.

| 응용표현 |

★ **You might hurt your back if you overdo it.**
무리하면 허리 다칠 수 있어.

★ **I think you overdid it in the gym last night.**
너 어젯밤에 헬스장에서 무리했나 봐.

★ **It's good to study a lot, but don't overdo it.**
공부 열심히 하는 건 좋지만 무리하지 마.

Oliver's
Daily
Calendar

Stop ordering me around.

자꾸 이래라저래라 하지 마.

* order around 마구 명령하다

어떤 사람이 남에게 자꾸 명령조로 말할 때 order people around라고 해요. 보통 사장님처럼 지위가 높은 사람이 말하는 모습을 이렇게 부르지만, 꼭 지위가 높지 않더라도 자기가 마치 뭐라도 된 것처럼 명령조로 말하는 사람에게 쓰면 딱이랍니다. 비슷한 표현으로 boss around도 있어요.

| 응용표현 |

* It's normal for managers to order people around.
  부장님들은 원래 사람들한테 명령하잖아.

* Why do you order everyone around like that?
  넌 왜 그렇게 누구에게나 명령조로 말해?

* His new girlfriend is always bossing him around.
  걔 새 여자 친구가 항상 걔한테 이래라저래라 해.

6

JUNE

Don't slow down!
속도 늦추지 마세요!

I've never heard of that.
한 번도 못 들어봤어.

* have never heard of 들어본 적이 없다

어떤 걸 완전히 처음 들어봤을 때 쓰는 표현이에요. 그 사실이 나에게 얼마나 새로운지 강조하고 싶다면 여기에 even을 추가해보세요. 생소한 느낌을 더욱 살릴 수 있어요.

| 응용표현 |

* **I've never heard of that band.**
  나 그 밴드 한 번도 못 들어봤는데.

* **You've never heard of this?**
  이거 한 번도 못 들어봤어?

* **I've never even heard of that kind of car before.**
  나 그런 자동차 브랜드 한 번도 못 들어봤는데.

I just saw your message.

메시지 이제 봤어.

• just saw 이제 봤다

문자를 받았는데 한참 지나서 확인했을 때 미안한 마음으로 '메시지 이제 봤
어' 하고 알려주잖아요. 이 말은 just saw(방금 봤다)로 표현할 수 있어요.
여기에 now를 추가해서 just now라고 하면 '이제'가 더 강조된답니다.

| 응용표현 |

---

* **I just saw your email.**
  이메일 이제 봤어.

* **I just now saw your text.**
  문자 이제 봤어.

* **He just now saw your message.**
  걔가 방금 네 메시지를 봤어.

8

AUGUST

**Stay positive and
don't give up!**
포기하지 말고 긍정적으로 생각해요!

| 발음 |

What did you do last night?

어젯밤에 뭐 했는데?

What did you say? 아주 쉽고 간단한 표현인데 의외로 영화나 미드에서 전혀 안 들릴 때가 많아요. 원어민들은 최대한 빠르고 효율적으로 말하려고 발음을 생략하는 경우가 많거든요. 단계별로 볼까요?

* **What did you say?** 뭐라고 했어?
  ▶ **1단계:** did의 d와 you의 y를 합쳐서 j 발음이 됩니다.
    What dijew say? [디쥬]
  ▶ **2단계:** 여기서 다시 What의 t와 j를 합쳐버립니다.
    Whadjew say? [윗쥬]
  ▶ **3단계:** 어떤 사람은 you를 ya로 바꿔버립니다.
    Whadjya say? [윗쟈]

| 응용표현 |

* **What did you eat for breakfast?**
  아침에 뭐 먹었어?

* **What did you call me?**
  날 뭐라고 불렀어?

Oliver's
Daily
Calendar

Do you know
what FBI stands for?

FBI의 뜻 알아?

* stand for 의미하다

Stand for는 '의미하다'라는 뜻이에요. 특히 두문자어의 의미에 대해 말할 때 자주 써요. 요즘 미국에서는 방탄소년단이 BTS로 잘 알려져 있으니까, 이 표현으로 대화를 시작해보면 재미있을 것 같네요!

| 응용표현 |

★ **CIA stands for Central Intelligence Agency.**
   CIA는 중앙정보부라는 뜻이야.

★ **What do those letters stand for?**
   그 철자 무슨 뜻이야?

★ **Do you know what BTS stands for?**
   BTS가 무슨 뜻인지 알아?

There's a stain on your shirt.

네 셔츠에 얼룩 있어.

＊stain 얼룩, 얼룩지다

친구 옷에 얼룩이 묻었는데 아무도 말을 안 해주면 나중에 크게 부끄러워질 수 있겠죠? 친구를 도와주기 위해서 영어로 stain이라는 표현을 써서 말해보세요. Stain은 명사와 동사로 모두 사용할 수 있어요.

| 응용표현 |

* I have a stain on my brand new dress.
  새로 산 드레스에 얼룩이 있어.

* Do you know how to remove stains?
  얼룩 지우는 방법 알아?

* Tea stains my teeth.
  차 자주 마시면 치아 색이 어두워져.

It was my first try and I didn't do very well.

처음 한 건데 잘 안됐어.

*first try 첫 시도

특히 어떤 새로운 기술을 처음 해볼 때 first try라는 표현을 사용할 수 있어요. 다른 말로 first attempt라고 할 수도 있어요.

| 응용표현 |

* **She did it on her first try.**
  걔 첫 시도에 성공한 거야.

* **Was that your first try? No way!**
  처음으로 해본 거라고? 헐!

* **Nobody has ever gotten it on their very first try.**
  첫 시도에 성공하는 사람은 아무도 없어.

I haven't been to a movie theater in over a year.

영화관 안 간 지 1년 넘었어.

* haven't + (과거분사) in over 안 한 지 ~이 넘었다

'~ 안 한 지 (기간) 됐다'를 영어로 표현하려면 현재 완료(haven't + 과거분사)를 써야 해요. '~이 넘었다'라고 안 한 기간을 강조하고 싶다면 in 뒤에 over만 추가하면 된답니다.

| 응용표현 |

---

* I haven't seen her in over a week.
  그 여자 안 본 지 일주일 넘었어.

* She hasn't heard from her boyfriend in a month.
  그 여자 남자 친구랑 연락 안 된 지 한 달 됐어.

* We haven't had dinner together in over ten years.
  우리 같이 저녁 식사 안 한 지 10년 넘었어.

How big do they get?

그건 얼마나 커져?

* get big 커지다

어떤 것이 커지는 건 get big으로 표현해요. 사람, 동물, 식물에 모두 적용할 수 있어요. 그런데 조심! 만약 성인에게 get big이라는 표현을 쓰면 상황에 따라 '뚱뚱해지다' 혹은 '근육이 많아지다'라는 뜻으로 전달될 수 있어요.

| 응용표현 |

* **Do poodles get very big?**
  푸들 많이 커지나?

* **My daughter is getting big because of all the ice cream she eats.**
  우리 딸은 요새 아이스크림을 많이 먹어서 점점 커지고 있어.

* **I've been lifting weights to get bigger.**
  몸 좀 키우려고 웨이트 운동 하고 있어.

When was the last time you saw him?
걔 언제 마지막으로 봤어?

'언제 마지막으로 ~ 했어?'를 영어로 말할 때 when was the last time이라는 표현을 사용하면 딱이에요. 평소에 자주 사용하는 표현이니까 입에 붙도록 여러 번 반복해서 말해보세요.

| 응용표현 |

* **When was the last time you had pizza?**
  피자를 언제 마지막으로 먹었어?

* **When was the last time we kissed?**
  우리 마지막으로 키스한 게 언제지?

* **When was the last time you went on a date?**
  마지막으로 데이트한 게 언제야?

| 발음 |

You should not have worn that jacket.

그 재킷 입지 말지.

Should not have는 '그러지 말걸'이라는 뜻의 표현인데요, 원어민은 이 표현을 줄이거나 흘려서 발음하는 경우가 많아요.

* I should not have called my ex.
  전 여자 친구한테 전화하지 말걸.
  ▶ **1단계:** should와 not을 합치고 have에서 v 소리만 내서
     I shouldn't v called my ex. [슈든ㅂ]
  ▶ **2단계:** 여기서 더 흘려 말하면
     I shouldna called my ex. [슈드나]

| 응용표현 |

* I should not have done that.
  나 그러지 말걸.

* I should not have taken the bus.
  그 버스 타지 말걸.

JUNE

6

I think I'm going bald.
머리카락이 빠지는 것 같아.

*go bald 머리카락이 빠지다

머리카락이 빠지는 것도 영어로 표현할 수 있답니다. '빠지다'에 집중하기보다 '대머리가 되어가다'라는 느낌으로 말하면 자연스러워요. Go bald 혹은 bald(동사)라고 말해보세요.

| 응용표현 |

* **My brother went bald in high school.**
  우리 형은 고등학교 때 머리카락이 다 빠졌어.

* **I don't want to go bald.**
  나 머리카락 빠지는 거 싫어.

* **I started balding last summer.**
  지난여름부터 머리카락이 빠지기 시작했어.

Oliver's
Daily
Calendar

I got a really bad farmer's tan today.

나 오늘 팔이 반팔 모양으로 심하게 탔어.

* farmer's tan (반팔 라인으로) 심하게 탄 자국

햇볕이 아주 강한 날 반팔 셔츠를 입으면 피부에 라인이 생길 수 있잖아요. 이 라인을 영어로 farmer's tan이라고 해요. 농부들의 팔뚝이 보통 이런 모습으로 타서 나온 말인가 봐요.

| 응용표현 |

* I forgot to use sunblock and got a really bad farmer's tan.
  나 선크림을 안 발라서 팔이 반팔 모양으로 탔어.

* Check out my farmer's tan.
  나 반팔 모양으로 팔 탄 것 좀 봐.

* I should take my shirt off or else I'll get a farmer's tan.
  셔츠 벗어야겠다. 아니면 반팔 모양으로 탈 테니까.

It seems bad now, but it will blow over eventually.

지금 상황이 안 좋아 보이겠지만 결국 지나갈 거야.

* blow over 지나가다

폭풍이 닥치면 엄청 힘들지만, 확실한 건 언젠가는 지나간다는 거예요. 인생도 마찬가지예요. 나에게 최악의 상황이 덮쳐도 결국 모두 지나갈 거예요. 이렇게 어떤 상황이 '지나가는' 것을 영어로 blow over라고 해요.

| 응용표현 |

* **The situation finally blew over and we moved on with our lives.**
  마침내 상황이 지나가서 우리도 그냥 넘어갔어요.

* **Let's just hope it blows over and people forget.**
  그냥 그 일이 지나가고 사람들이 잊기를 바랍시다.

You should try it out sometime.

너도 언젠가 그걸 해보면 좋을 것 같아.

* sometime 언젠가

많은 분들이 sometime과 sometimes의 뜻이 전혀 다르다는 사실을 모르더라고요. Sometimes는 '가끔'이고 sometime은 '언젠가'라는 뜻이랍니다. 이번 기회에 확실히 기억해두세요!

| 응용표현 |

* **I'll call you sometime.**
  언제 한번 전화할게.

* **We should get dinner sometime.**
  우리 언제 밥 먹자.

* **You should come by sometime.**
  언제 놀러 와.

Do you have beef with that guy?

걔랑 무슨 문제 있어?

*have beef 문제가 있다, 불만을 품다

어떤 사람과 갈등이 있을 때 영어로 have beef, 즉 '소고기를 가지다'라고 표현해요. 예전에 미국에서 소를 찾기 힘들 때 농부들이 소를 두고 서로 다투면서 생긴 표현이라고 해요. 재밌는 표현이죠?

| 응용표현 |

* Got beef?
  문제 있어?

* Why do you have beef with him?
  걔랑 왜 문제가 있는 거야?

* I don't have beef with you.
  난 너한테 불만 없는데.

It turns out my car is a lemon.

알고 보니까 내 차는 똥차야.

* lemon 안 좋은 제품

어떤 제품의 상태가 되게 안 좋을 때 lemon이라고 표현해요. 특히 차나 집에 대해서 이야기할 때요. 한국말로는 이럴 때 보통 물건 이름 앞에 '똥'이라는 단어를 붙이잖아요. 이거랑 아주 비슷한 개념이에요.

| 응용표현 |

* I don't want to buy a lemon car.
  난 똥차를 사고 싶지는 않아.

* She didn't realize her house was a lemon until it was too late.
  걔는 자기 집이 정말 거지 같다는 걸 너무 늦게 알았어.

* My new cellphone is a lemon.
  내 새 폰, 완전 똥폰이야.

Oliver's
Daily
Calendar

I'm sore from the gym.
운동 때문에 몸이 쑤셔.

* sore 쑤시는

운동을 하거나 다치면 몸이 쑤시잖아요. 이런 경우 sore라는 단어를 사용할 수 있어요. '~때문에 쑤셔'라고 하고 싶다면 from을 사용해서 I'm sore from 이라고 하면 됩니다.

| 응용표현 |

* **I'm still sore from my kickboxing class.**
  킥복싱 수업 때문에 아직도 몸이 쑤셔.

* **I bet you're sore from your surgery.**
  수술 때문에 좀 쑤시겠다.

* **That'll make your legs really sore.**
  그거 하면 다리가 엄청 쑤실 거야.

Oliver's
Daily
Calendar

I swung by the store on my way home.

집에 가는 길에 슈퍼에 들렀다 갔어.

*swing by 잠깐 들르다

어디 잠깐 들렀다 가는 걸 영어로는 swing by라고 표현해요. 친구들끼리 자기 집에 잠깐 초대할 때도 자주 씁니다.

| 응용표현 |

* **I'm going to swing by your house on my way home.**
  나 집에 가는 길에 너희 집에 잠깐 들렀다가 갈 거야.

* **Can you swing by my place real quick?**
  우리 집에 잠깐 들렀다 갈 수 있어?

* **My brother swung by earlier.**
  우리 형이 아까 들렀다 갔어.

*Oliver's
Daily
Calendar*

Your sister always seems so chill.

네 여동생은 항상 차분한 것 같아.

* chill 차분한

어떤 사람의 성격이 차분하다고 할 때 calm을 쓸 수 있는데요, 요즘은 속어인 chill도 자주 써요. Chill한 성격의 사람은 항상 차분하고 화도 잘 내지 않고 긴장도 많이 안 한답니다.

| 응용표현 |

* **Is your dog chill?**
  네 개는 차분해?

* **My dog is really chill.**
  우리 개는 완전 차분해.

* **How are you so chill during these stressful moments?**
  스트레스 많이 받을 상황인데 어떻게 그렇게 차분해?

What's your favorite show on Netflix?

넷플릭스에서 어떤 드라마를 제일 좋아해?

*show 드라마

영어로 된 재미있는 드라마를 보통 '미드' '영드'라고 말하죠? 그런데 이걸 영어로 표현할 때 drama라는 단어를 사용하는 사람들이 좀 있는 것 같아요. 하지만 이런 경우에는 drama보다 show가 정확해요.

| 응용표현 |

* **Have you been watching any good shows lately?**
  요새 재미있는 드라마 봐?

* **What's the name of that British show?**
  그 영드 제목이 뭐였지?

* **I've been watching this really good show called 'Kingdom'.**
  나 요새 '킹덤'이라는 정말 재있는 드라마 봐.

JUNE

11

Soju goes down well with SamGyeopSal.
소주는 삼겹살이랑 먹으면 잘 어울려.

* go down well '잘 내려가다' 즉, '어울리다'

소주는 대표적인 한국의 술이죠? 세계적으로 유명하지만 제대로 마시는 방법을 모르는 외국인들이 많은 것 같아요. 쉽게 소개할 수 있는 표현을 기억해 둡시다!

| 응용표현 |

* **Soju is Soju. Don't call it Korean Vodka.**
  소주는 그냥 소주야. 코리안 보드카가 아니야.

* **This soju is 18 percent alcohol.**
  이 소주는 18도야.

* **The shot glass should be 3 quarters full.**
  잔에 4분의 3 정도 채우면 돼.

  * quarter 4분의 1

Can I have the check?
계산서 주시겠어요?

미국 생활에 필요한 필수 표현이에요. 출입구에서 계산하는 한국과 다르게 미국 식당에서는 테이블에서 일어나기 전에 계산을 하거든요. 식사가 끝나면 직원에게 check(계산서)을 달라고 요청해보세요!

| 응용표현 |

* **Would you like me to bring you the check?**
  계산서를 갖다드릴까요?

* **Did you get the check?**
  계산서 받았어?

* **I'm still waiting on the check.**
  나 아직 계산서 받으려고 기다리고 있어.

JUNE

12

Don't mind me.

나 신경 쓰지 마.

저녁 먹고 들어가는데 엄마가 저녁 차려주신다고 할 때 '저 신경 쓰지 마세요'라고 하시죠? 이 표현을 Don't care about me라고 하는 분들이 있는데, care가 '소중하게 여기다' '챙기다'라는 뜻이라서 '저를 중요하게 생각하지 마세요'라고 어색하게 들릴 수 있어요. 이제 이럴 땐 오늘의 표현을 사용해보세요.

| 응용표현 |

* **Don't mind me. I just need to get my things.**

  나 신경 쓰지 마. 내 물건만 챙겨 나갈게.

  * 나 때문에 방해가 됐을 때

* **Don't worry about me. I already ate.**

  나 신경 안 써도 돼. 밥 먹고 왔어.

  * 상대방의 염려를 거절할 때

My shoelaces came untied.

신발 끈 풀렸네.

* come untied 풀리다

수능 만점자들도 막상 말하기 어려워하는 생활 표현이죠! 신발 끈이 풀렸을 때는 come untied 혹은 come undone이라고 해보세요. 참 쉽죠?!

| 응용표현 |

* **Make sure your shoelaces don't come untied.**
  신발 끈이 안 풀리게 해라.

* **Hey, your shoelaces came untied.**
  야, 너 신발 끈 풀렸어.

* **My shoelaces came undone three times today.**
  오늘 신발 끈이 3번이나 풀렸어.

That's so unfair!
정말 불공평해!

불공평해서 억울한 상황 겪어본 적 있으시죠? 혹은 상황을 공평하게 정리해야 하는 일도 종종 만나게 돼요. 이럴 때는 익숙한 단어 fair와 unfair로 생각을 잘 표현할 수 있어요.

| 응용표현 |

* You're going to the concert without me?
  That's so unfair!
  나를 버리고 공연에 간다고? 진짜 불공평해!

* Let's just split it so it's fair.
  공평하게 나누자.

* That seems fair to me.
  공평한 것 같은데.

Do you have this in another color?

다른 색깔 있어요?

옷을 사러 갔는데 사이즈는 맞지만 색깔이 마음에 들지 않을 때가 있잖아요?
이럴 때는 전치사 in을 사용해서 점원에게 물어보면 됩니다. 원하는 색깔이
분명할 때는 do you have this in (색깔)?이라고 할 수 있어요.

| 응용표현 |

* **Do you have this hat in another color?**
  혹시 이 모자 다른 색깔도 있어요?

* **Do you have these pants in blue?**
  혹시 이 바지 파란색도 있어요?

* **Do you have this shirt in green?**
  혹시 이 셔츠 초록색도 있어요?

Are there any perks for senior citizens?

어르신들을 위한 혜택이 있나요?

* senior citizen 어르신

노인을 말할 때 old man, old lady라고 하세요? 틀린 말은 아니지만 old에는 좀 부정적인 느낌이 있어서 '늙은이' '할배, 할매' 같은 느낌으로 들릴 수 있어요. 한국말로 어르신, 연장자라고 표현하듯이 영어에도 어른을 존중하는 표현이 있습니다.

| 응용표현 |

* **Senior citizens get a discount at this museum.**
  어르신들은 이 박물관에서 할인을 받죠.

* **My grandpa always gets the senior citizen discount.**
  우리 할아버지는 항상 어르신 할인을 받으시더라고.

* **There's some event for senior citizens today.**
  오늘 어르신들을 위한 행사가 있어요.

I looked down for a split second and he was gone.

잠깐 내려다보는 사이에 개가 사라져버렸어.

*split second 아주 짧은 순간

거의 생각할 틈이 없을 정도로 짧은 순간을 한국말로 '찰나'라고 하잖아요. 영어로는 split second라고 해요. 직역하면 1초를 나눈 게 되니까 얼마나 짧은 순간인지 확 느껴지시죠?

| 응용표현 |

* **Everything can change in a split second.**
  모든 것은 순식간에 바뀔 수 있어.

* **He looked up at her for a split second.**
  그는 그녀를 아주 잠깐 쳐다봤어.

* **He felt like he loved her again for a split second.**
  짧은 순간 그는 그녀를 다시 사랑하는 것처럼 느꼈어.

You have such a perfect nose.

너 코가 진짜 예쁘게 생겼다.

한국에서는 '얼굴 작다' '머리 작다'라는 말이 칭찬이죠? 그런데 미국인 친구에게 이런 말로 칭찬하면 바로 알아듣지 못하고 당황할 가능성이 큽니다. 친구를 기분 좋게 만드는 칭찬을 하고 싶다면 얼굴 크기나 비율 말고 다른 점을 칭찬해주세요. 미국인들은 눈, 코, 입술, 근육에 대해 칭찬해주면 아주 좋아합니다.

| 응용표현 |

* **You have beautiful eyes.**
  너 눈이 참 예쁘다.

* **Your lips are so nice.**
  넌 입술이 참 예쁘네.

* **You have such a handsome face.**
  너 얼굴 정말 잘생겼다.

* **You have a really pretty face.**
  너 얼굴 정말 예쁘다.

Oliver's
Daily
Calendar

Did you give your dog his medicine?

너 개 약 먹였어?

* give medicine 약을 먹이다

약을 먹을 때는 take medicine이라고 하는데, 약을 먹이는 건 뭐라고 할까요? 생각보다 간단하게 give를 씁니다. 문맥상 give라는 동사에 '(약을) 주다, 먹이다'라는 의미가 다 포함되어 있어요.

| 응용표현 |

* I forgot to give my son his medicine.
  우리 아들에게 약 먹이는 걸 깜빡했어.

* What time should I give the cat his medicine?
  고양이 약 몇 시에 먹여야 하지?

* What kind of medicine are you giving me?
  너 나한테 무슨 약을 먹이는 거야?

JUNE

16

| 발음 |

I got sick.
나 아팠어.

T와 s가 만나는 발음 어떻게 하세요? 한국말로 ㅅ 과 ㅅ 이 만날 때 ㅅ 받침을 생략하고 발음하는 경우가 많죠? 텃세 [터쎄], 햇수 [해쑤]처럼요. 이런 규칙에 익숙해서인지 많은 분들이 영어로도 get some을 [게썸], bit some을 [비썸]으로 발음하는 것 같아요. 하지만 영어는 이렇게 발음을 생략하지 않아요. 그렇다고 t 소리를 아주 강하게 낼 필요는 없고 소리를 잠깐 멈춰서 발음하면 됩니다.

got sick [갓√씩]   get some [겟√썸]
bit some [빗√썸]   hit so [힛√쏘]

| 응용표현 |

---

* **I need to get something to drink.**
  마실 게 좀 필요해.

* **My snake bit someone.**
  내 뱀이 누군가를 물었어.

* **Don't hit so hard.**
  너무 세게 때리지 마.

You need to get a haircut.

너 머리 잘라야 할 것 같아.

● get a haircut 머리를 자르다

'머리를 자르다'라고 말할 때는 단순히 haircut이라는 단어만 사용하면 안 돼요. Get a haircut이라고 get을 꼭 함께 써야 의미가 정확하게 전달됩니다. 이발을 받는다(get)는 의미인 거죠.

| 응용표현 |

* **Did you get a haircut?**
  머리 잘랐어?

* **Where should I get a haircut?**
  어디서 머리 자르면 좋을까?

* **Toddlers hate getting haircuts.**
  어린애들은 머리 자르는 걸 엄청 싫어하지.

I couldn't get ahold of him.

걔랑 연락이 안 됐어.

* get ahold of 연락하다

어떤 사람한테 전화나 문자를 보냈는데도 연락이 안 될 때가 가끔 있잖아요. get ahold of라는 표현을 사용해서 이런 상황을 전달해보세요. 추가로 get in touch with도 똑같이 사용할 수 있어요.

| 응용표현 |

* **I've been trying to get ahold of him all day.**
  나 하루 종일 걔한테 연락해봤어.

* **Did you get ahold of her?**
  걔랑 연락됐어?

* **She couldn't get in touch with her husband.**
  그 여자 남편이랑 연락이 안 됐어.

I went to my Taekwondo class last night.

나 어젯밤에 태권도 학원에 갔어.

* class 수업 혹은 코스

미국에는 한국의 '학원' 개념이 없어서 academy라고 하면 상대방이 의도와
다르게 이해할 가능성이 커요. 이럴 땐 그냥 class(수업)라고 말하면 됩니다.
만약 학원을 밤에 다닌다면 night/evening class라고 해보세요. 상대방이
더 잘 이해할 거예요.

| 응용표현 |

* I have to go to my Spanish class after dinner.
저녁 먹고 스페인어 학원 가야 해.

* She just got back from her evening math class.
걔 방금 수학 학원에서 돌아왔어.

* Do you have any evening classes today?
오늘 밤에 학원 가야 해?

JUNE

18

He really let me down.
걔 진짜 실망이다.

* let someone down 실망시키다

'실망시키다'라고 하면 disappoint라는 단어가 가장 먼저 떠오르죠? 이 표현도 많이 사용하지만 그만큼 원어민들이 자주 쓰는 말이 있어요. 바로 let someone down이에요.

| 응용표현 |

★ **Sorry for letting you down.**
실망시켜서 미안하다.

★ **Why did you let me down?**
왜 나를 실망시킨 거야?

★ **I won't let you down.**
널 실망시키지 않을 거야.

Is the medicine working?

그 약 잘 들어요?

* work 효과가 있다

한국에서는 약의 효과가 잘 발현될 때 '잘 듣다'라고 하잖아요. 영어로는 그냥 work이라는 단어를 씁니다. 약이 몸속에서 열심히 일한다는 의미로 이해하면 쉽게 기억되겠죠?

| 응용표현 |

* **That medicine doesn't work.**
  그 약 효과 없어.

* **The medicine is starting to work.**
  약효가 나기 시작한 것 같아.

* **When will the medicine start working?**
  약의 효과를 언제 볼 수 있을까?

I'm going to have to turn this down.

거절해야 할 것 같습니다.

한국에서는 딱 잘라 거절하면 좀 예의가 없다고 생각하는 거 같아요. 하지만 미국에서는 빨리 의사를 알면 그만큼 시간을 절약할 수 있다고 생각해서 정확하게 말하는 것을 더 좋아합니다. 편하게 Sorry, I'm not interested 혹은 I can't라고 말해도 되지만, 한국식 정서에 맞게 정중한 거절 표현도 소개해 드릴게요.

| 응용표현 |

* I'm afraid I can't. I'm already really busy.
  아무래도 안 될 것 같아요. 이미 많이 바빠서요.

* I'm afraid I won't be able to work with you on this project.
  이번 작업을 함께 하는 건 아무래도 불가능할 것 같습니다.

* I'm afraid I'm not qualified to carry out those tasks.
  아무래도 그건 저한테 맞는 업무가 아닌 것 같습니다.

Oliver's
Daily
Calendar

That was a close call.

아슬아슬했네.

*close call 아슬아슬한 상황

위험한 상황을 겨우 피했을 때 영어로 close call이라는 표현을 써요. Close 는 '거의' 혹은 '~할 뻔한'이라는 의미인데 긍정적일 수도 있고 부정적일 수 도 있어요. 하지만 여기에 call을 더하면 아슬아슬했지만 결국 긍정적인 결과 가 나왔다는 의미가 된답니다.

| 응용표현 |

* **I was so close to passing.**
  나 거의 합격했는데.
  * 결과적으로 실패 (부정적)

* **I was so close to failing.**
  나 시험에서 떨어질 뻔했어.
  * 결과적으로 합격 (긍정적)

* **I had a close call while driving today.**
  운전하다가 사고 날 뻔했지만 다행히 안 났어.

* **We made it on time, but it was a close call.**
  제시간에 도착했지만 아슬아슬했어.

 *JUNE*

Father's Day is just a week away.

아버지날이 겨우 일주일 남았어.

* Father's Day 아버지날

5월에는 어머니날이 있고, 6월에는 아버지날이 있어서 이 무렵에 사람들은 선물 쇼핑을 많이 해요. 아버지를 위한 대표적인 선물은 낚시용품이에요. 대부분의 미국 아버지들은 낚시를 아주 좋아하거든요. 그래서 아버지와 아들이 같이 낚시 가는 모습을 자주 볼 수 있답니다.

| 응용표현 |

* **Dad's going to be thrilled when he sees what I got him for Father's Day!**
  아버지가 내가 사 드린 선물을 보면 정말 기뻐하실 거야!
  * be thrilled 아주 기쁘다

* **That's a really thoughtful Father's Day present.**
  아주 사려 깊은 아버지날 선물이구나.

Oliver's
Daily
Calendar

There's a hair in my food.

내 음식에서 머리카락이 나왔어.

식당 음식이나 음료수 안에 이상한 것이 들어 있으면 컴플레인 확실하게 걸어야겠죠? 이럴 때 제대로 말하지 못해 불이익당하는 일이 없도록 오늘의 표현을 꼭 기억해두세요.

| 응용표현 |

* **There's a tooth in my salad.**
  제 샐러드에서 이가 나왔어요.

* **Did you tell your waiter about the hair in your coffee?**
  커피에 머리카락 들어 있다고 직원에게 말했어?

* **There are fleas in my french fries.**
  내 감자튀김에 벼룩이 있어.

I want to work for a good cause.
나 좋은 일을 하고 싶어.

* for a good cause 좋은 목적을 위해, 대의를 위해

남을 도와주기 위해서, 더 좋은 세상을 만들기 위해서 봉사나 일을 할 때 영어로 for a good cause라고 할 수 있어요.

| 응용표현 |

* **The pay isn't good, but it's for a good cause.**
  월급이 많지는 않지만 좋은 일이야.

* **Are you working for a good cause?**
  넌 세상을 위해 좋은 일을 하는 거야?

* **I'm volunteering for a good cause.**
  나 좋은 일을 하려고 봉사 활동 하기로 했어.

How have you been?

잘 있었어?

How를 [하우]라고 발음하시나요? 많은 한국 사람들이 How are you doing? [하우 아 유 두잉?]이라고 또박또박 발음하더라고요. 미국인들은 이렇게 정식적으로 발음하지 않을 수 있어요. 상황에 따라 how 발음을 어떻게 바꾸는지 알려드릴게요.

| 응용표현 |

* **How are you doing?** 잘 지내?
  * how를 ha, you를 ya로 바꿔서 Haya [하야]

* **How did you do that?** 그거 어떻게 한 거야?
  * d와 y를 합쳐 j로 발음해서 Hadja [핫쟈]

* **How did he get in here?** 걔 어떻게 여기 들어왔지?
  * h 발음까지 생략해서 Hadee [하디]

JUNE

22

Oliver's
Daily
Calendar

Can I be honest with you?

솔직하게 말해도 돼?

*be honest with 솔직하게 말하다

솔직하게 말해도 될지 눈치가 보일 때 어떻게 하세요? '솔직하게 말해도 돼?' '나 솔직하게 말할게'라고 하면서 말문을 열 수 있겠죠? 영어로는 이 말을 be honest with라고 해요.

| 응용표현 |

* **Can I be honest with you? Your new shirt is ugly.**
  솔직하게 말해도 돼? 네 새 셔츠 별로야.

* **You can be honest with me.**
  솔직하게 말해도 돼.

* **I'm going to be honest with you.**
  I want to be your friend.
  솔직하게 말할게. 네 친구가 되고 싶어.

I don't think
this melon is ripe yet.
이 멜론이 아직 안 익은 것 같아.

• ripe 익은

과일을 맛있게 먹으려면 익었는지 안 익었는지 잘 확인해야겠죠? '익은'은
영어로 ripe라고 하고 반대말 '익지 않은'은 unripe입니다.

| 응용표현 |

---

* **The bananas aren't ripe yet so they're green.**
  바나나는 아직 익지 않아서 초록색이야.

* **These strawberries don't taste very ripe.**
  이 딸기는 잘 안 익은 것 같네.

* **Unripe mangoes can be very hard.**
  안 익은 망고는 아주 딱딱할 수 있어.

JUNE

23

I can't imagine what that would look like.

그게 어떻게 생겼을지 상상도 못 하겠어.

* can't imagine 상상도 못 하다

상대방의 감정 상태나 어떤 상황 등을 전혀 짐작조차 할 수 없을 때 '상상도 못 하다'라는 표현을 쓰잖아요. '상상하다'라는 뜻을 가진 imagine을 써서 한 국말과 똑같이 간단하게 표현할 수 있어요.

| 응용표현 |

* **I can't imagine what you're going through.**
  지금 네가 어떤 일을 겪고 있는지 나는 상상도 못 하겠어.

* **I can't imagine why they would do something like that.**
  그들이 왜 그런 짓을 했는지 상상도 못 하겠어.

* **I can't even imagine how much you miss her.**
  네가 여자 친구를 얼마나 보고 싶어 하는지 나는 상상도 못 하겠어.

  * even을 추가하면 표현이 강조됩니다.

Seeing children cry really tears me apart.

애들 우는 거 보면 마음이 찢어져.

* tear apart 마음이 찢어지게 하다

큰 슬픔을 표현하고 싶은데 I'm sad만 떠오르신다고요? Tear apart를 사용하면 슬픈 감정을 깊이 있게 전달할 수 있어요. 마음이 갈기갈기 찢어진다는 느낌이거든요. Tear(눈물)와 철자는 똑같지만 눈물은 [티얼], 감정을 표현할 때는 [테얼]이라고 발음합니다.

| 응용표현 |

* Her story really tore me apart.

    그녀의 이야기 때문에 마음이 찢어졌어.

* Being with you is tearing me apart.

    너랑 같이 있으면 마음이 찢어져.

* That part of the movie always tears me apart.

    그 영화 장면 볼 때마다 마음이 찢어져.

Drive safe!

운전 조심해라!

만났다가 헤어질 때 운전하는 친구에게 보통 한국말로 '운전 조심해!'라고 하죠? 영어로는 간단하게 Drive safe라고 해요. 그리고 운전하지 않는 친구에게는 그냥 Stay safe라고 하면 된답니다.

| 응용표현 |

* **Have a nice evening and drive safe!**
  좋은 밤 보내고 운전 조심해!

* **See you tomorrow. Drive safe!**
  내일 봐. 그리고 운전 조심!

* **Stay safe out there!**
  조심히 잘 지내!

Why are you so butthurt?

왜 이렇게 삐친 거야?

* butthurt 삐친

'삐치다'를 upset으로 쓸 수도 있지만 이 단어의 범위는 매우 넓어요. 더 정확하게 삐친 감정을 표현하고 싶다면 butthurt를 써보세요. 직역하면 '아픈 엉덩이'라는 뜻인데, 부모님한테 엉덩이를 맞아서 기분이 상한 상황을 떠올리면 기억하기 쉽겠죠? 속어라서 정중한 사이에 쓰는 건 추천하지 않아요.

| 응용표현 |

* **He's butthurt because he lost the game.**
  걔 대회에서 져서 삐친 거야.

* **She doesn't get butthurt easily.**
  걔는 잘 안 삐치더라.

* **There's no reason to be butthurt.**
  삐칠 이유가 없는데.

It's not your fault.
네 잘못이 아니야.

* fault 잘못, 탓

자기가 잘못한 것도 아닌데 '죄송합니다'라고 사과할 때 한국말로 뭐라고 하죠? '너 잘못한 거 없잖아!' '네 잘못이 아니야!'라고 하죠? 이때 fault라는 단어를 사용할 수 있어요. Fault에는 '탓'이라는 뜻도 있거든요.

| 응용표현 |

* **It wasn't my fault.**
  내가 잘못한 거 없어.

* **What happened today wasn't your fault.**
  오늘 사건은 네 탓 아니었어.

* **Whose fault was it?**
  누구의 탓이었어?

I have diarrhea.

나 설사를 해.

* diarrhea 설사

설사에 대해서 말하긴 좀 부끄러울 수 있지만 그래도 꼭 말해야 할 때도
있겠죠? 그런 다급한 상황에서 단어를 몰라서 난처해지지 않도록 have
diarrhea라는 표현을 꼭 기억해두세요!

| 응용표현 |

* **I have really bad diarrhea.**
  나 설사가 엄청 심해.

* **Did you have diarrhea?**
  너 설사했어?

* **How long did you have diarrhea for?**
  얼마 동안 설사가 있었어요?

JUNE

26

I was so touched by your words.

네 말에 감동받았어.

＊ touch 감동시키다

어떤 사람의 말이나 행동이 감동적일 때 touch라는 단어를 써요. '마음을 움직이다'라고 해석할 수 있을 것 같아요. 형용사형은 touching입니다.

| 응용표현 |

* **She was touched by his kind actions.**
  걔는 그의 착한 행동에 감동받았어.

* **I've never felt so touched before.**
  이렇게 감동받은 적이 없어.

* **What you said to her was so touching.**
  네가 그 애에게 한 말은 아주 감동적이었어.

That was really rude!
너무 예의 없어!

* rude 예의 없는

누군가 무례한 행동을 하면 참 불쾌하죠? 이럴 때 나의 불쾌감을 표현하거나 아이에게 예의를 가르칠 때 혹은 나의 무례함을 사과할 때 가장 간단하게 표현하려면 rude라는 단어를 사용할 수 있어요.

| 응용표현 |

★ **Don't be rude.**
예의 없게 행동하지 마라.

★ **I'm sorry for being rude earlier.**
아까 제가 예의 없이 굴어서 죄송해요.

★ **He's such a rude person.**
걔는 정말 예의 없는 인간이야.

JUNE

27

Oliver's
Daily
Calendar

He's acting really cocky today.

걔가 오늘 건방지게 행동하고 있어.

*cocky 거만한, 건방진

Cocky는 태도, 말투, 행동이 거만한 걸 나타내는 단어예요. Cock에는 여러 가지 의미가 있는데 그중에 '수탉'이라는 뜻도 있거든요. 수탉은 항상 잘난 척하는 듯 자태를 뽐내며 거만하게 돌아다니잖아요. 그래서 cocky라고 해요.

| 응용표현 |

* **Why would you date such a cocky guy?**
  넌 왜 거만한 남자랑 사귀어?

* **He's always acting cocky when women are around.**
  걔는 여자가 가까이 있으면 항상 거만하게 행동해.

* **Stop acting cocky.**
  건방지게 굴지 마.

Did you doze off?

졸았어?

* doze off 졸다

'졸다'를 영어로 번역하면 fall asleep이라고 할 수 있지만 원어민들이 아주 자주 사용하는 다른 표현이 있어요. 바로 doze off예요. 원래 잠자리가 아닌 곳인데 깜빡 조는 걸 말해요. 예를 들면 컴퓨터 앞이나 운전하고 있을 때요.

| 응용표현 |

* **I always doze off during class.**
  난 수업 시간에 항상 졸아.

* **Quit dozing off!**
  그만 졸아!

* **I need some coffee or I'm going to doze off.**
  나 커피 안 마시면 졸 것 같아.

I'll be there
rain or shine.

비가 오든 눈이 오든 갈게.

* rain or shine 날씨에 관계없이

엄청 중요한 행사라면 비가 오든 안 오든 가야 하잖아요. 이런 상황은 rain or shine이라는 말로 표현할 수 있어요. Shine은 햇빛이 반짝거리는 걸 말하니까 직역하면 '비가 오든 화창하든'이라는 뜻이겠네요. 문장 앞이나 뒤에 붙이면 됩니다.

| 응용표현 |

* I run every morning rain or shine.
  나는 비가 오나 눈이 오나 아침마다 달리기해.

* The event will happen rain or shine.
  비가 오나 눈이 오나 행사는 진행될 거야.

* She always shows up to work rain or shine.
  걔는 비가 오나 눈이 오나 항상 출근하더라.

When's that movie coming out?

그 영화 언제 나온대?

＊come out 개봉하다, 출시하다

Come out은 새로운 제품이 출시되는 걸 말할 때 쓰는 표현입니다. 다양한
상품들에는 물론 영화가 개봉한 것을 말할 때도 쓸 수 있어요.

| 응용표현 |

★ I heard that a Hyundai truck is coming out next year.

　내년에 새 현대 트럭 출시된다고 들었는데.

★ Can we go see that movie when it comes out?

　그 영화 나오면 같이 보러 가도 돼?

★ That movie comes out in December.

　그 영화 12월에 나온대.

That's a sick car!
그 차 엄청 멋있어!

* sick 멋있는

특히 젊은 사람들이 어떤 상황 혹은 물건에 대해서 sick이라고 표현할 때가 있어요. 하지만 '아픈' 것과는 전혀 상관이 없습니다. 이런 경우에 sick은 '멋있는'이라는 뜻으로 이해하면 돼요.

| 응용표현 |

* Really? That's sick!
  진짜? 대박!

* Did you see my sick new tattoo?
  내 멋진 문신 봤어?

* That new jacket is sick!
  네 새 재킷 완전 멋있다!

Did you see any fireworks on the Fourth of July?

독립기념일에 불꽃놀이 구경했어?

* Fourth of July 독립기념일

저는 개인적으로 미국 공휴일 중에 독립기념일을 가장 좋아해요. 맛있는 버거나 핫도그도 먹을 수 있고 불꽃놀이를 직접 하거나 구경할 수도 있거든요. 이날 미국인들은 성조기 색깔로 장식된 셔츠를 입고 다니기도 해요. 애국심을 표현하는 날이죠.

| 응용표현 |

* **Independence Day is coming up.**
  조금 있으면 독립기념일이네.

* **Let's shoot fireworks!**
  우리 불꽃놀이하자!

| 발음 |

You have to do your homework.
너 숙제 꼭 해야 돼.

영어에서 흔히 사용하는 have to, must have, would have라는 표현들은 더 빠르고 자연스럽게 발음하는 방법이 있어요. have to는 v와 t가 만나면서 v는 [f] 소리로, to는 [ta] 소리로 바뀌어서 [hafta]로 들리죠. 그리고 must have와 would have의 have는 [a] 소리로 바뀌어서 각각 [musta], [woulda]로 발음됩니다.

have to ▶ hafta [해프타]
must have ▶ musta [머스타]
would have ▶ woulda [우다]

| 응용표현 |

* **I must have left my phone at the karaoke lounge.**
  노래방에 핸드폰 두고 왔나 봐.

* **I would have died.**
  나라면 죽었을 거야.

Why do I always feel down?

난 왜 항상 우울하지?

* feel down 우울하다

기분이 좋지 않다고 말할 때 down이라는 단어를 쓸 수 있어요. 아마 행복의 레벨이 바닥에 더 가까워져서 그런 것 같아요. 한국말로 '너 왜 기분이 가라 앉았어?'라고 하는 것과 비슷한 느낌이네요!

| 응용표현 |

* **Are you feeling down about what happened?**
  그 일 때문에 혹시 슬퍼?

* **It looks like Jenny is feeling a bit down today.**
  보니까 제니가 오늘 좀 슬픈 것 같더라.

* **I would feel down too if I were you.**
  나도 같은 상황이었으면 똑같이 슬플걸.

7

JULY

It doesn't get easier, you just get better!

**쉬워진 게 아니라
여러분 실력이 좋아진 거예요!**

I need to get changed.
나 옷 갈아입어야 돼.

* get changed 갈아입다

옷을 갈아입을 때 wear라는 단어는 떠올리지 마세요. Change 혹은 get changed를 사용하는 게 더 자연스럽거든요.

| 응용표현 |

* **I didn't have time to get changed.**
  나 옷 갈아입을 시간이 없었어.

* **Did you change your clothes?**
  옷 갈아입은 거야?

* **Hurry up and get changed!**
  빨리 갈아입어!

I don't want to get a tan.

나 피부 타는 거 싫은데.

* get a tan 햇볕에 타다

피부가 햇볕에 타서 구릿빛이 됐을 때 한국말로 '탔다' '까매졌다'라고 하잖아요. 그래서 영어로 말할 때도 무의식적으로 burned, black이라는 단어를 쓰는 것 같아요. 하지만 이렇게 말하면 원어민들은 얼굴에 까만 게 묻었거나 화상을 입었다고 생각할 수 있어요.

| 응용표현 |

* **My face got really tan over the summer.**
  여름 동안 내 피부 진짜 까매졌어.

* **Did I get a tan?**
  나 좀 탄 것 같아?

* **I don't want my skin to get any darker.**
  피부 더 안 타면 좋겠다.
  * 상급자용 표현

You're halfway there!
Your hard work is paying off!
Keep up the good work!

이제 절반 남았어요!
여러분의 노력에 빛이 보이네요!
화이팅!